EVA-MARIA BAST | ANNINA BAUR

Münchner
Kalenderblätter

**52 FASZINIERENDE GESCHICHTEN
QUER DURCH DIE JAHRHUNDERTE**

edition **Münchner Merkur**
HEIMATZEITUNGEN

Bast, Eva-Maria; Baur, Annina
Münchener Kalenderblätter – 52 faszinierende Geschichten quer durch die Jahrhunderte

MÜNCHNER MERKUR in Kooperation mit:
Bast Medien, Münsterstr. 35, 88662 Überlingen (verantwortlich)
1. Auflage 2016
ISBN: 978-3-946581-11-6

Copyright: Bast Medien
Lektorat: Lena Bast
Recherche: Mike Durlacher
Covergestaltung: Carina Linke
Layout: Carina Linke
Grafik: Evgenii Bobrov | shutterstock (Kalender), ftourini (Papier)
Satz: Carina Linke
Druck: werk zwei Print+Medien Konstanz GmbH

Von den Machern der preisgekrönten „Geheimnisse der Heimat"

Inhalt

Vorwort   7

Die Autorinnen   9

GESCHICHTEN IM JANUAR

01. Woche
04. Jan. 1812   Mitgebrachte Brotzeit und frisches Bier   10

02. Woche
14. Jan. 1785   Der Sturz der Fanny von Ickstatt   13

03. Woche
19. Jan. 1919   Damenwahl auch in München   18

04. Woche
22. Jan. 1894   Letzter Wodka und rote Fingernägel   21

GESCHICHTEN IM FEBRUAR

05. Woche
03. Feb. 1926   Ein großer Mann für München   24

06. Woche
06. Feb. 1879   Last und Lust des Floßfahrens   26

07. Woche
18. Feb. 1943   Geschwister Scholl kämpfen für die Freiheit   30

08. Woche
21. Feb. 1568   Das rauschende Hochzeitsfest dauert drei Wochen   33

09. Woche
26. Feb. 1780   Bier wird zum Politikum   36

GESCHICHTEN IM MÄRZ

10. Woche
07. Mär. 1895   Maria Meiers Freudentänzchen   39

11. Woche
12. Mär. 1925   Skispringen mitten in der Stadt   42

12. Woche
20. Mär. 1848   Ludwig liebt Lola – folgenschwere Leidenschaft   45

13. Woche
31. Mär. 1933   Als die Nazis jüdische Geschäfte boykottierten   49

········ GESCHICHTEN IM APRIL ········

14. Woche
04. Apr. 1896   Satirischer Spiegel der wilhelminischen Politik   52

15. Woche
11. Apr. 1946   Als die Münchner Trümmer räumten   56

16. Woche
18. Apr. 1890   Große Aufregung um Buffalo Bill   59

17. Woche
26. Apr. 1828   Überbringer geheimer Liebesbotschaften   62

········ GESCHICHTEN IM MAI ········

18. Woche
02. Mai 1807   Vom Heiliggeistspital zum Wochenmarkt   65

19. Woche
10. Mai 1933   Worte der Freiheit stehen in Flammen   68

20. Woche
17. Mai 1908   Ein Theater-Experiment   71

21. Woche
26. Mai 1889   Die illustre Gesellschaft pilgert nach Laim   74

········ GESCHICHTEN IM JUNI ········

22. Woche
02. Jun. 1799   Protestanten als „ganz neue Erscheinung"   77

23. Woche
04. Jun. 1882   Von der Tragik in der Komik   82

24. Woche
13. Jun. 1886   Der König und sein Psychiater   85

25. Woche
21. Jun. 1868   Traum vom Münchner Festspielhaus   90

26. Woche
29. Jun. 1892   Eine Kirche als Zeichen des Selbstbewusstseins   94

GESCHICHTEN IM JULI

27. Woche
06. Jul. 1807   Des Königs schöne Frauen   97

28. Woche
11. Jul. 1662   Gotteshaus zu Ehren des Thronfolgers   100

29. Woche
17. Jul. 1704   Eine Kirche für eine nicht zerstörte Stadt   103

30. Woche
27. Jul. 1960   Herz für Liesl Karlstadt   106

31. Woche
31. Jul. 1888   Die Elefanten sind los!   109

GESCHICHTEN IM AUGUST

32. Woche
07. Aug. 1850   Ein Festzug für das Haupt der Bavaria   112

33. Woche
18. Aug. 1684   Der Tag, an dem aus Achmet Anton wurde   115

34. Woche
25. Aug. 1805   Bayerischer Hochverrat in Bogenhausen   118

35. Woche
28. Aug. 2012   Säurebombe in Schwabing   121

GESCHICHTEN IM SEPTEMBER

36. Woche
05. Sep. 1972   Olympischer Traum wird zum Albtraum   124

37. Woche
14. Sep. 1965   Die Rolling Stones kommen nach München   128

38. Woche
22. Sep. 1934   Aus einem Werbegag wird eine Tradition   131

39. Woche
24. Sep. 1982   „Hurra! Der Pumuckl ist da!"   134

GESCHICHTEN IM OKTOBER

40. Woche
01. Okt. 1929 Vier Wände für einen Diktator 137

41. Woche
12. Okt. 1753 Bühne frei, Vorhang auf! 141

42. Woche
17. Okt. 1810 Wie aus einer Hochzeit das Oktoberfest wurde 145

43. Woche
22. Okt. 1877 Das Leben auf zwei Rädern 149

GESCHICHTEN IM NOVEMBER

44. Woche
01. Nov. 1939 Vorbereitung eines Attentats 153

45. Woche
06. Nov. 1332 Das weiße Gold von München 157

46. Woche
12. Nov. 1929 Buddenbrooks statt Zauberberg 159

47. Woche
25. Nov. 1314 Europäisches Zentrum der Macht 162

48. Woche
27. Nov. 1999 Als am Nockherberg ein Großbrand ausbrach 166

GESCHICHTEN IM DEZEMBER

49. Woche
08. Dez. 1650 Eine Kurfürstin setzt sich durch 169

50. Woche
12. Dez. 1908 Vom Sichtbarmachen der Zeit 173

51. Woche
20. Dez. 1756 Casanova in München 176

52. Woche
24. Dez. 1837 Sisi als hochadeliges Christkindl 178

Quellen, Literatur, Bildnachweis 182

Vorwort

Liebe Leser,

Kalender begleiten uns ein ganzes Leben. Zu Zeiten unserer Großeltern hingen sie meist in der Küche an der Wand – ein kleines dickes Büchlein, das im Laufe des Jahres immer dünner wurde. Jeden Morgen riss man ein Blättchen ab, drehte dieses um und las das Gedicht, die Lebensweisheit oder die kleine Geschichte, die dort geschrieben stand. Es war der Einstieg in den Tag. Heute sind diese Büchlein aus der Mode gekommen. Der Kalender ist digital geworden, praktisch, aber auch ziemlich unromantisch. Geschichten liest man dort keine mehr. Dabei gäbe es zu jedem Datum so viel zu erzählen.

Auch München hat sich verändert, ist vom kleinen Dorf zu einer Weltstadt geworden. Modern und beliebt, aber auch schnelllebiger und anonymer als einst. Die alten Geschichten geraten da schnell in Vergessenheit. Wer hat schon die Zeit, sich über die Orte Gedanken zu machen, an denen er tagtäglich vorbeikommt? Wer kann noch die Zeichen lesen, die überall in der Stadt auf Historisches hinweisen? Die Isarmetropole ist ein Ort voller Geschichten – mal komisch, mal tragisch, oft unbekannt, aber fast immer wissenswert.

Autorinnen von Bast Medien haben sich der bayerischen Landeshauptstadt schon einmal gewidmet mit ihrem Buch „Münchner

Geheimnisse". Spannendes über Orte und Menschen, die für München bedeutsam waren und sind, steht dort nachzulesen. In ihrem neuen Projekt begeben sich die Autorinnen nun auf alte Pfade, beleben das Prinzip von Omas Küchen-Kalender neu. Es ist ein Wochenkalender geworden, 52 Geschichten, mit denen man wunderbar in die Woche starten und dabei auch noch etwas lernen kann.

Wissen Sie zum Beispiel, was sich am 6. November 1332 zugetragen hat? Nein? Da sind Sie nicht alleine! Nur so viel: Es ging um eine damals besonders begehrte Handelsware, deren Bedeutung man noch heute an so manchem Münchner Straßennamen ablesen kann. Oder haben Sie eine Ahnung, welche wichtige Entscheidung der 20. März 1848 mit sich gebracht hat? Es war das folgenschwere Ende einer nicht so ganz ziemlichen Liaison – zu einer Zeit, in der die Bürger der Stadt nach mehr Rechten und nach Freiheit strebten. Mehr wollen wir an dieser Stelle nicht verraten, denn all dies können Sie auf den folgenden Seiten ausgiebig nachlesen.

Ich wünsche Ihnen viel Spaß mit diesem geschichtlichen Kleinod. Ein Buch über München, interessant, hintergründig und dennoch leicht zu lesen. Ein Kalender, den man nicht aufhängt, aber sich gerne in greifbare Nähe legt. Oder einfach als Geschenk einpackt für gute Freunde.

Wolfgang Hauskrecht
Leiter der München-Redaktion
Münchner Merkur

Die Autorinnen

Eva-Maria Bast, Jahrgang 1978, arbeitet seit 1996 für verschiedene Zeitungen und Magazine. 2011 gründete sie mit Heike Thissen das Journalistenbüro „Büro Bast & Thissen", das 2013 erweitert wurde und sich nun „Bast Medien" nennt. Eva-Maria Bast initiierte und schreibt die Buchreihe „Geheimnisse der Heimat", die 2011 startete, rasch zu einem regionalen Bestseller wurde und die 2016 in 31 Bänden vorliegt. 2012 wurde die Tageszeitung Südkurier für die Geheimnis-Reihe mit dem Deutschen Lokaljournalistenpreis der Konrad-Adenauer-Stiftung in der Kategorie „Geschichte" ausgezeichnet. 2012 begann Bast sich auch der Belletristik zu widmen. Mit „Vergissmichnicht" gab sie ihr Krimi-Debüt, „Tulpentanz" folgte ein Jahr später. Im Frühjahr 2014 erschien Teil 1 (Mondjahre), 2015 Teil 2 (Kornblumenjahre) und 2016 Teil 3 (Dornenjahre) ihrer zeitgeschichtlichen Jahrhundert-Saga. Seit Juni 2015 ist sie Gastdozentin an der Hochschule der Medien Stuttgart. Eva-Maria Bast lebt mit ihrer Familie in Überlingen am Bodensee.

Annina Baur, Jahrgang 1982, hat in Konstanz Deutsch und Französisch studiert. Nach einem Volontariat bei der „Cannstatter Zeitung" in Stuttgart arbeitet sie seit 2010 als freie Journalistin, ihr Schwerpunkt liegt auf der Lokalberichterstattung aus der baden-württembergischen Landeshauptstadt. Annina Baur schreibt und fotografiert für verschiedene Zeitungen und textet für Werbeagenturen. Sie findet, die Geschichte schreibt oft die spannendsten Geschichten, und hat sich deshalb mit Begeisterung mit Eva-Maria Bast auf historische Spurensuche in München begeben. 2016 hat sie die Ressortleitung für die neue Buchreihe „Kalenderblätter" des Journalistenbüros „Bast Medien" übernommen. Annina Baur lebt in Stuttgart, wo sie nicht nur als Autorin, sondern auch als Fitnesstrainerin arbeitet.

1. Woche

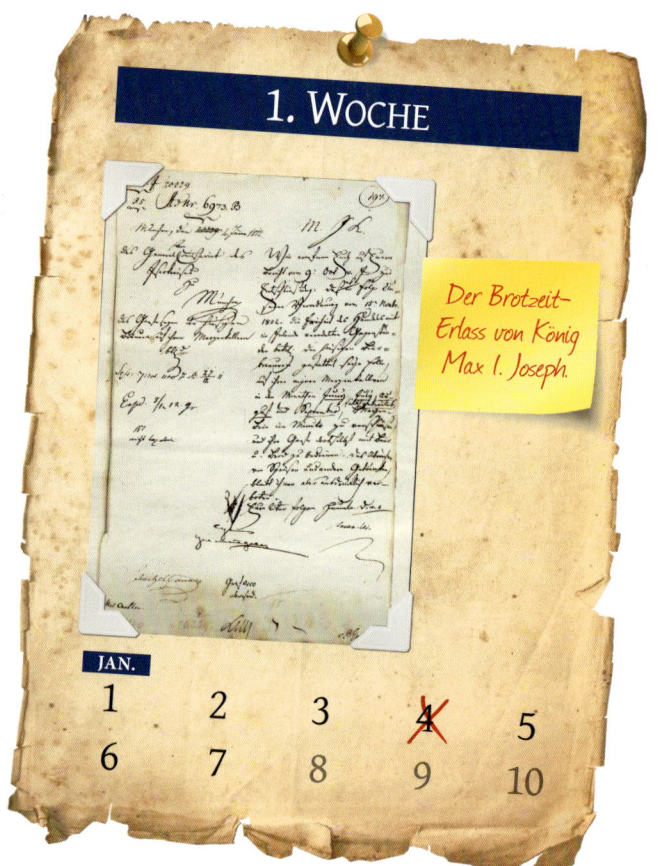

Der Brotzeit-Erlass von König Max I. Joseph.

JAN.
1   2   3   ~~4~~   5
6   7   8   9   10

04. Januar 1812

Mitgebrachte Brotzeit und frisches Bier

Rita Hegmann hat eine Tischdecke dabei. Und ein Brotzeitbrett. Messer und Gabel, ein paar Scheiben Brot. Wir nehmen unter den großen Kastanien Platz, die Münchnerin breitet die Tischdecke aus, deckt liebevoll ein. Noch eine Maß Bier vom Ausschank und ein bisschen Obatzda von der Bude – perfekt ist die Brotzeit. „Meine Touristen wundern sich immer, wenn

12. Jh.   13. Jh.   14. Jh.   15. Jh.   16. Jh.   17. Jh.   18. Jh.   **19. Jh.**   20. Jh.   21. Jh.

sie in Münchens Biergärten kommen", sagt die Stadtführerin. „Sie finden es komisch, dass sich keine Bedienung beklagt, wenn die Münchner ihre Tischdecken und ihre Brotzeit selbst mitbringen." Doch das hat schon alles sein Recht und seine Ordnung – das sogenannte „Brotzeitrecht" wurde am 4. Januar 1812 von König Max I. Joseph (1756-1825) höchstselbst erlassen. „In München hat man damals gern untergäriges Bier gebraut, und die Bierbrauer hatten in den Flussterrassen tiefe Bierkeller. Sie haben im Winter Eis geschlagen und das Bier damit in den Bierkellern kühl gehalten", erzählt die Historikerin mit Schwerpunkt Landeskunde. „Deswegen wurden die Bierkeller vor allem in den Hochufern der Isar angelegt, da konnte man in den Berg hineingraben." Auf den Bierkellern wird Kies gestreut, Kastanien werden gepflanzt, die Schatten spenden sollen, damit die Sonne die Oberfläche der Bierkeller nicht erhitzt. „Deshalb haben wir in unseren Biergärten heute noch meistens Kiesböden und die herrlichen großen Kastanienbäume", erklärt Rita Hegmann. Weil das Bier unmittelbar aus dem Keller am frischesten ist, wird es direkt dort ausgeschenkt. „Man stellte Bänke und Tische unter den Kastanienbäumen auf, die Münchner machten sich auf den Weg zu den Bierkellern, das war ein ganz beliebtes Ausflugsziel", schildert Rita Hegmann die Entstehung der Münchner Biergärten.

Rita Hegmann lässt sich eine echte bayerische Brotzeit schmecken.

„Das sahen die Gastwirte natürlich gar nicht gern", berichtet sie, „es war eine große Konkurrenz." Die Gastronomen schließen sich zusammen und wenden sich mit ihrem Problem an König Max I. Joseph. „Der hat dann am 4. Januar 1812 verfügt, dass man auf den Bierkellern zwar ausschenken, aber ausschließlich Brot servieren darf. Er hat die Streitigkeiten diplomatisch beigelegt, indem er verfügte, dass die Bürger selbst ihre Brotzeit mitbringen dürfen", sagt die Stadtführerin. Wortwörtlich erklärte er, dass „den hiesigen Bierbrauern gestattet seyn solle, auf ihren eigenen Märzenkellern in den Monaten Juni, Juli, August und September selbst gebrautes Märzenbier in Minuto zu verschleißen, und ihre Gäste dortselbst mit Bier u. Brod zu bedienen. Das Abreichen von Speisen und anderen Getränken bleibt ihnen aber ausdrücklich verboten." Das gilt aber nur bis 1825, dann dürfen auch reine Schankbetriebe Speisen verkaufen. Und auch das Problem mit der Kühlung ist irgendwann behoben: Carl Paul Gottfried Linde (1842-1934) entwickelt in der zweiten Hälfte des 19. Jahrhunderts die Kühlmaschine!

Ihre Biergärten und das Brotzeitrecht lieben die Münchner heute ebenso wie damals: „Man kann sich die Brotzeit mitbringen, man kann sich an den Buden Brotzeit kaufen, Radieschen, Brezen, Wurstsalat und Obatzdn und man kann sich auch bedienen lassen. Je nachdem, an welchem Tisch man sich niederlässt", schwärmt Rita Hegmann, die den Augustiner-Bierkeller besonders gern mag. „Die Mönche waren hier 1328 die ersten Bierbrauer." Typisch am Biergarten sei: große, lange Tische, lange Bänke. Wenn einer dort sitzt, dann fragt man, ob man sich zu ihm setzen darf. „Und dann schweigt man sich gemeinsam an – weil der Bayer halt gern schweigt – oder man fängt an zu reden. Also, ob alt, ob jung, ob reich, ob weniger reich – alles trifft sich in einem Biergarten. Da sind alle gleich."

Eva-Maria Bast

Ein Blick in die Welt...
... vom 4. Januar

Am 4. Januar 1919 entlässt der Rat der Volksbeauftragten unter Friedrich Ebert den Berliner Polizeipräsidenten Emil Eichhorn (USPD). Daraufhin gibt es am nächsten Tag Massendemonstrationen, die in den Spartakusaufstand übergehen.

14. Januar 1785

Der Sturz der Fanny von Ickstatt

Was für eine Tragödie! Die junge Frau stürzt erst aus dem Turmfenster der Münchner Frauenkirche, schlägt dann auf dem Kirchendach auf, wird von dort aus auf das gegenüberliegende Dach des Pfarrhauses geschleudert, kracht durch die Ziegel und landet direkt vor der Wohnzimmertür des überraschten Pfarrers. „Es war nachmittags um zwei Uhr und hat sich natürlich rasend schnell herumgesprochen", erzählt Stadtführerin Carola Kühberger. „Das ging wie ein Lauffeuer rum, die Leute sind zusammengelaufen – und das Madel hat ja anscheinend alles bei vollem Bewusstsein erlebt. Den Aufprall hat sie noch mitbekommen und am Boden ist sie dann gestorben. Das war wirklich grausam."

Die 17-jährige Maria Franzisca Magdalena Freiin von Ickstatt, genannt Fanny (1767-1785), ist musikalisch sehr begabt. Sie wächst in einer guten Familie auf, hat eine aufgeklärte Mutter und als Adelige einen hohen gesellschaftlichen Stand. Carola Kühberger sagt: „Das war eine wunderschöne junge Frau, die hat Klavier spielen können, die hat gesungen, die hat komponiert, schon mit vier Jahren hat sie lesen und schreiben können, sie war sehr, sehr intelligent. Sie und ihre Mutter waren in jeder Gesellschaft immer das Aha-Erlebnis."

In Ingolstadt lernt Fanny im Haus ihrer Großtante die Liebe kennen – in Gestalt des jungen Offiziers Franz von Vincenti. Er erwidert Fannys heftige Gefühle, kommt nach München, wo Fanny lebt. „Die beiden haben sich unheimlich gern gehabt, sie haben sich jeden Tag um zwei Uhr in der Frauenkirche beim Kaiser-Ludwig-Grab getroffen, sich ewige Liebe geschworen. Da war natürlich die Anstandsdame, das Stubenmadel, dabei", sagt die Stadtführerin. Ein Jahr habe die Beziehung gedauert, „und die beiden haben auch schon mal gemeinsam Bälle besucht, und für alle war eigentlich klar, dass sie einmal heiraten werden. Doch plötzlich, nach einem Jahr, hat sich Fannys Mutter Maria Franzisca von Heppenstein dagegen gestellt und eine Hochzeit unterbunden. Sie hat wohl mit dem Kloster gedroht, falls Fanny die Beziehung nicht beende", erzählt die Münchnerin. „Sie suchte andere reiche Heiratskandidaten, die allerdings nicht nur reich, sondern auch wesentlich älter waren und die die Tochter nicht haben wollte."

Die Beziehung zwischen Fanny und ihrer Mutter verschlechtert sich immer weiter – zumal in München Gerüchte brodeln, die Mutter habe selbst ein Verhältnis mit Franz. Es kommt zu heftigen Auseinandersetzungen, in der ganzen Stadt redet man über die beiden Damen und den jungen Mann. Maria Franzisca will Fanny schließlich für eine Weile aus München wegschicken, wie man das damals eben mit Töchtern gemacht hat, die sich unpassende Verehrer aus dem Kopf schlagen sollten.

Und dann kommt der besagte Tag. Der 14. Januar 1785. Fanny geht zur Frauenkirche, aber ihr Geliebter, den sie tagtäglich um 14 Uhr hier trifft, ist nicht da. Gemeinsam mit ihrer Zofe steigt sie auf den Nordturm, aus dem sie wenige Minuten später hinunter in den Tod stürzt. Die Zofe und der Türmer sagen später, dass man Fanny nicht habe halten können und dass sie sich in Todesabsicht selbst hinabgestürzt habe. Einen Abschiedsgruß habe sie den beiden noch zugerufen. Doch ein Selbstmord kommt in diesen Kreisen natürlich nicht infrage. „Ein Selbstmord war damals, Ende des 18. Jahrhunderts, genauso wie im Mittelalter, aus Sicht der Kirche der größte Frevel. Selbstmord – das geht einfach nicht. Man kann sich nicht einfach das Leben nehmen, das einem von Gott geschenkt wurde. Selbstmörder haben kein christliches Begräbnis bekommen", sagt die Stadtführerin. In München habe man Selbstmörder im Mittelalter teilweise in Fässer gestopft und in die Isar geschmissen.

Carola Kühberger steht ungefähr an der Stelle, an der Fanny von Ickstatt am 14. Januar 1785 aufschlug. Damals war die Fläche noch bebaut. Fanny schlug durch das Dach und landete im Haus des Pfarrers.

Die Familie versucht, den Selbstmord zu vertuschen und es als Unfall darzustellen. „Und komischerweise hat dann der Bischof, der sofort benachrichtigt wurde, um zu klären, was mit der Leiche werden soll, den Hinterbliebenen zugesagt, dass Fanny ein christliches Begräbnis bekommen soll. Alles hat plötzlich auf Unfall hingedeutet", sagt Kühberger. „Auch die Ermittlungen durch die Polizei kamen zu diesem Schluss. Doch die Bürger glaubten das nicht. Für sie war es ganz klar Selbstmord."

Nach Fannys Tod, so Carola Kühberger, geschehen allerlei merkwürdige Dinge. Die Untersuchungsakten verschwinden plötzlich. Es kommt heraus, dass die Mutter die „eben auch so eine Hübsche war, es echt hat krachen lassen – ein Verhältnis mit dem Geliebten ihrer Tochter gehabt hat". Und dann mischt sich selbst Kurfürst Karl Theodor (1724-1799) in den Fall ein und wendet eine Verhandlung ab. Warum? Carola Kühberger hat eine Erklärung: „Fannys Mutter stammte aus dem Dunstkreis des Geheimbundes der Illuminaten, und von denen fühlte sich Karl Theodor ja verfolgt und hat sie verboten. Möglich, dass er aus Angst vor Rache die Sache zu vertuschen half. Die Zofe und der Türmer, die damals ausgesagt haben, dass sie sich da runterstürzen wollte, haben ihre Aussage widerrufen." Auch Carola Kühberger findet die Sache mit dem Selbstmord zweifelhaft: „Wenn sich jemand umbringen will, dann schaut er doch, dass er da einen gescheiten Platz findet und nicht aufs Dach aufschlägt." Doch vielleicht, überlegt sie, habe Fanny, die ja immer um 14 Uhr mit ihrem Liebsten verabredet war, als dieser nicht kam, irgendwie erfahren, dass er ein Verhältnis mit ihrer Mutter hat, und sei vor lauter Verzweiflung in den Tod gesprungen? Dass es ein Unfall war, glaubt Carola Kühberger nicht. So einfach falle eine junge Frau nicht aus dem Fenster. „Kann es vielleicht auch ganz etwas anderes gewesen sein, weil sie jemandem im Weg war?" War es Mord?

Ein Blick in die Welt...
... vom 14. Januar

Am 14. Januar 1887 wird der Deutsche Reichstag aufgelöst. Eine Vorlage des Reichskanzlers Otto von Bismarck, das Heer um rund 10 Prozent aufzustocken und das Heeresgesetz um sieben Jahre zu verlängern, war zuvor abgelehnt worden. Die darauf folgende Neuwahl des Reichstags fand am 21. Februar statt.

„All das", sagt Carola Kühberger, „wird wohl nie geklärt werden."
In Anlehnung an Goethes „Werther" erscheint noch im Todesjahr der
Briefroman „Die Leiden der jungen Fanni" aus der Feder des kurpfälzisch-bayerischen Kammerherrn F. G. Freiherr von Nesselrode zu
Hugenboett. Er schreibt in Briefform über die Ereignisse. Der Familie
passt das so gar nicht, sie reicht sogar Verleumdungsklage ein, zumal
Nesselrode seine Figuren schreiben lässt, die Mutter habe Fanny mit
einem „bejahrten kalten Manne" verheiraten wollen und ihr gedroht,
sie ins Kloster zu stecken, wenn sie die Wahl der Mutter nicht akzeptiere. Außerdem erweckt der Autor den Anschein, Fanny habe sich
aufgrund einer „Krankheit des Gemüthes" für den Suizid entschieden.
Auf Fannys Nachttisch findet man nach ihrem Tod Goethes Werk „Die
Leiden des jungen Werthers". Fast zwei Jahre nach Fannys Tod, am 6.
September 1786, wird der Dichter auf den Turm steigen und danach
an Charlotte von Stein schreiben: „Ich stieg auf den Turm, von dem
sich die Fräulein herabstürzte".

....
Eva-Maria Bast

3. Woche

1919, bei der Wahl der Nationalversammlung, hatten Frauen erstmals das Wahlrecht.

JAN.

| 15 | 16 | 17 | 18 | ~~19~~ |
| 20 | 21 | 22 | 23 | 24 |

19. Januar 1919
Damenwahl auch in München

Was für ein Tag! Endlich haben sie ihr Ziel erreicht: Am 19. Januar dürfen Frauen in ganz Deutschland zum ersten Mal wählen, ein Ergebnis der Novemberrevolution von 1918. Und von diesem ihrem Wahlrecht machen sie auch Gebrauch: 82 Prozent der wahlberechtigten deutschen Frauen schreiten zur Urne, als am 19. Januar 1919 die verfassungsgebende Nationalversammlung gewählt wird. Die Münchnerin Lida Heymann schreibt: „Nun begann ein neues Leben! Zurückdenkend erscheinen die folgenden Monate wie ein schöner Traum, so unwahrscheinlich herrlich waren sie. Das schwer Lastende der Kriegsjahre war gewichen, beschwingt schritt man dahin, zukunftsfroh! Der Tag verlor seine Zeiten, die Stunde der Mahlzeiten wurde wieder vergessen, die Nacht wurde zum Tage, man brauchte keinen Schlaf; nur eine lebendige Flamme brannte: sich helfend am Aufbau einer besseren Gesellschaft zu betätigen... Endlich konnten Frauen aus dem Vollen schaffen. Frauenmitarbeit war auf allen politischen und sozialen Gebieten erwünscht."

In den Bayerischen Landtag ziehen nach der Revolution von 1918 acht Frauen ein. „Allerdings sind das bei 180 Abgeordneten recht wenig", kommentiert die Gleichstellungsbeauftragte für den Landkreis München, Teresa Howorka. „Obwohl etwa 50 Prozent der Wähler Frauen waren und das Wählen als solches offenbar gut fanden – die Politik wollten sie dann aber doch lieber den Männern überlassen." Als erste Frau im Bayerischen

Teresa Howorka kümmert sich heute vom Schreibtisch aus um die Gleichstellung von Männern und Frauen.

Landtag spricht Rosa Kempf und sagt: „Uns Frauen liegt der Kampf gegen die Brutalität zu allererst am Herzen. Wir kämpfen für das Frauenstimmrecht, weil wir überall die Brutalität bekämpfen. Es gibt keine größere Brutalität als die Unterjochung des Geistes durch die Faust, die Unterjochung des Gemüts durch physische Gewalt. Diese Brutalisierung hat die Frau jahrhundertelang nicht nur im öffentlichen, auch im privaten Leben sehr oft schmerzlich erleben müssen, und wenn sie jetzt von der Revolution etwas erhofft, so ist es der Sieg des Geistes über die Brutalität, dann sind wir frei." Aber sie kritisiert, was auch Teresa Howorka bemängelt: die geringe Zahl der Frauen. „Wenn wir uns in diesem Saal umsehen, dann werden Sie vergeblich die gleichberechtigte Beteiligung der Frau suchen."

Auch in den Münchner Stadtrat ziehen in diesem Jahr einige Frauen ein. Die berühmtesten sind Auguste Halbmeier (1867-1955) und Luise Kiesselbach (1863-1929). Die Wohlfahrtspflegerin Auguste Halbmeier wird dem Stadtrat für die Sozialdemokratische Partei bis 1929 angehören. Später, im Dritten Reich, emigriert sie zu ihren Töchtern in die USA. Die zweite bekannte Münchnerin im Stadtrat ist Luise Kiesselbach, die 1910 bereits Münchens erste Armenrätin war. Sie bleibt bis 1927 für die linksliberale Deutsche Demokratische Partei Mitglied im Münchner Stadtrat. „Das waren ganz großartige Frauen, sie haben das Fundament gelegt", sagt Teresa Howorka. „Wie leicht haben wir es heute im Vergleich zu ihnen, wenn es um politische Partizipation von Frauen geht. Und dennoch haben wir noch so viel zu tun. Nur gut ein Drittel der gewählten Gremien in der deutschen Politik wird von Frauen besetzt. Für die Gestaltung der Zukunft braucht es aber die paritätische Teilhabe von Männern und Frauen an politischen Entscheidungsprozessen. Es sind die unterschiedlichen Perspektiven, die gewinnbringend für unsere Gesellschaft sind."

> Ein Blick in die Welt...
> ... vom 19. Januar
>
> Am 19. Januar 1829 findet in Braunschweig die Uraufführung von Goethes „Faust. Der Tragödie erster Teil" statt.

Eva-Maria Bast

4. WOCHE

Das Gesicht von Väterchen Timofei strahlte Wärme und Weisheit aus.

JAN.
~~22~~ 23 24 25 26
27 28 29 30 31

22. Januar 1894

Letzter Wodka und rote Fingernägel

Wer am 22. Januar etwas von Münchens (damaligem) Oberbürgermeister Christian Ude wollte, hatte lange Jahre Pech. Denn am 22. Januar hatte Christian Ude keine Zeit. Er musste Geburtstag feiern. Nicht seinen eigenen, sondern den von Timofei Wassiljewitsch Prochorow, genannt Väterchen Timofei.

12. Jh.   13. Jh.   14. Jh.   15. Jh.   16. Jh.   17. Jh.   18. Jh.   19. Jh.   20. Jh.   21. Jh.

Timofei Wassiljewitsch Prochorow wird 1894 geboren und lebt bis zu seinem Tod am 13. Juli 2004 als russischer Eremit in München. Über die Jugend des in Bagajewskaja am Don geborenen Timofei ist kaum etwas bekannt, zum ersten Mal taucht er in Berichten auf, als er in der russischen Großstadt Schachty für die von den Deutschen im Zweiten Weltkrieg besetzte Stadt Kohlen transportiert. Während des Rückzugs der Deutschen Wehrmacht, die vor der vorrückenden Roten Armee flieht, wird er gezwungen, sich und seine Kutsche für die Flucht zur Verfügung zu stellen. Erst bei Rostow, im Süden Russlands, 46 Kilometer vor der Mündung des Don ins schwarze Meer, kommt er wieder frei. Auf seiner viele Jahre währenden Wanderung durch Europa landet er schließlich in München, wo ihm, wie Christan Ude erzählt, auf dem Oberwiesenfeld die Mutter Gottes erscheint und ihm rät, genau hier eine russische Kirche zu errichten. Timofei tut wie ihm geheißen und baut Kirche und Haus. Und das alles schwarz, aus Bauschutt, Sperrmüll und dergleichen. Und Bauschutt gibt es viel auf dem Oberwiesenfeld.

Das weiß Christian Ude noch aus Kindertagen, in denen er Väterchen Timofei zum ersten Mal begegnete: „Ich bin immer mit dem Tretroller ins Oberwiesenfeld gefahren, als ich sechs oder sieben Jahre alt war. Das war ein rotes Meer aus Schutt, der aus den Ruinen der ganzen Landeshauptstadt herausgeschafft worden ist", erinnert er sich. „Schutt so weit das Auge reichte. Und mitten drin ein Garten Eden, etwa Hundert mal Hundert Meter, mit Büschen, mit Gemüse und mit Blumen bepflanzt. Und inmitten dieses Gartens Eden", sagt Ude, „steht die kleine russische Kirche, deren Türme Väterchen Timofei aus alten Ölfässern baut. Innen schlägt er das Gotteshaus, das immer noch steht, mit Schokoladensilberpapier aus."

Keiner nimmt Anstoß an den Gebäuden und seinen Bewohnern. Als aber Ende der 1960er-Jahre genau dort die Reitbahn für die Olympi-

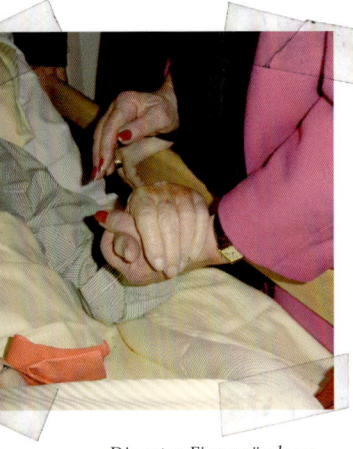

Die roten Fingernägel von Edith von Welser-Ude – am Ende konnte sich Väterchen Timofei damit anfreunden.

schen Spiele errichtet und damit auch Timofeis Kirche abgerissen werden soll, gibt es große Proteste von Münchner Anwohnern. „Oberbürgermeister Hans-Jochen Vogel und Willi Daume, Präsident des Nationalen Olympischen Komitees für Deutschland, fanden dann, dass man Väterchen Timofei nicht vertreiben kann, und haben die Reitanlagen verlegt. Das brachte ihm sogar Schlagzeilen: Der erste Olympiasieger von München", zitiert Ude. Und während der Olympischen Spiele habe man Väterchen Timofei dann als geschäftstüchtigen Russen kennengelernt. „Er hat Unmengen von Blumen verkauft, die unmöglich alle von seinem Grundstück stammen konnten. Böse Zungen wollten etwas von einem Pendelverkehr zum Großmarkt wissen."

> **Ein Blick in die Welt...**
> **... vom 22. Januar**
>
> Am 22. Januar 1973 stirbt der 36. Präsident der Vereinigten Staaten, Lyndon B. Johnson.

Seinen Geburtstag feiert Timofei Wassiljewitsch Prochorow immer groß. Christian Ude und seine Frau Edith von Welser-Ude sind ab dem Hundertsten jedes Mal mit dabei. „Er hat meiner Frau versichert, dass sie immer willkommen ist. Nur einmal hat er dann gesehen, dass sie rot lackierte Fingernägel hat. Und das hat ihn sittlich empört. Er hat gefragt: Warum machst du das? Hast schon Mann!", erinnert sich Ude schmunzelnd.

Im Alter von 107 Jahren muss Väterchen Timofei ins Altersheim ziehen. Das Ehepaar von Welser-Ude besucht ihn auch dort und feiert wie immer am 22. Januar seinen Geburtstag mit ihm. Edith von Welser-Ude traut sich und lackiert sich die Fingernägel nach wie vor in Rot. Und als sie ihm mit eben jenen Fingernägeln seinen letzten Wodka reicht, da, spätestens da, hat er ihr verziehen.

Eva-Maria Bast

Hans-Jochen Vogel (rechts) hat die Geschicke der Stadt München lange geprägt und gelenkt.

03. Februar 1926

Ein großer Mann für München

Was hat die Geburt des kleinen Hans-Jochen im fernen Göttingen mit München zu tun? Eine ganze Menge: Der, der dort auf die Welt kommt, ist eigentlich ein Urbayer, ein Urmünchner, denn „sechs von acht Urgroßeltern", wie er genau 90 Jahre später zum Münchner Merkur sagen wird, liegen auf Münchner Friedhöfen. Nur von Berufs wegen muss sein Vater umziehen. Vor allem aber ist er einer, der München prägen wird. Diesem Jungen wird die Hauptstadt mit Herz später ihre U-Bahnen zu verdanken haben. Ihre Fußgängerzone. Und Olympia. Denn der Bub, der an diesem Februartag in Göttingen geboren wird, ist 34 Jahre später, am 27. März 1960, frischgebackener Oberbürgermeister der Stadt München und wird es zwölf Jahre bleiben, bevor er Bundesminister für Raumordnung, Bauwesen und Städtebau, dann, in der Zeit des RAF-Terrors, bis 1981 Bundesminister der Justiz und dann Regierender Bürgermeister von West-Berlin wird. Obendrein ist er, nach dem Ende der Ära Helmut Schmidt, 1983 SPD-Kanzlerkandidat gegen Helmut Kohl und führt in den Jahren, in denen aus Deutschland wieder ein vereinigtes Land wird, die SPD.

> **Ein Blick in die Welt...**
> **... vom 3. Februar**
>
> Am 3. Februar 1825 sterben an der Nordseeküste bei der so genannten „Halligflut" 800 Menschen. Teile der Insel Sylt gehen unter, Nordjütland wird eine Insel.

Und München, ja, München. Er liebt es, bringt es voran: mit U-Bahnen, mit Olympia. Als die Spiele 1972 ausgetragen werden, muss er erleben, wie palästinensische Terroristen ein Blutbad anrichten. Er bietet sich selbst als Austauschgeisel an – zusammen mit Innenminister Hans-Dietrich Genscher und weiteren Politikern, was von den Terroristen abgelehnt wird (siehe Kalenderblatt 36).

Zu dieser Zeit ist er nicht mehr Oberbürgermeister. Als solcher hat er einen schönen Abschied: die Eröffnung der Fußgängerzone zwischen dem Marienplatz und dem Stachus. Millionen Menschen drängen sich hier beim Einkaufen, beim Flanieren. Nicht zuletzt das hat man ihm zu verdanken, dem Hans-Jochen Vogel. Auch der amtierende Münchner Oberbürgermeister Dieter Reiter weiß sehr zu schätzen, was Vogel für München bewegt hat. Er sagt: „Hans-Jochen Vogel hat mit seinem unbestechlichen Urteil und seiner Tatkraft München, die Stadt, in der seine politische Laufbahn begann, geprägt wie nur ganz wenige. Er trieb ihre Entwicklung voran zu einer modernen Großstadt mit menschlichem Antlitz."

Eva-Maria Bast

6. Woche

Die Floßmeisterei Heiss im Jahr 1880.

FEB.

| 5 | ~~6~~ | 7 | 8 | 9 |
| 10 | 11 | 12 | 13 | 14 |

12. Jh. 13. Jh. 14. Jh. 15. Jh. 16. Jh. 17. Jh. 18. Jh. *19. Jh.* 20. Jh. 21. Jh.

06. Februar 1879

Last und Lust des Floßfahrens

Ende des 18. Jahrhunderts sind Floßfahrten Knochenarbeit. Die Männer, die das Handwerk ausüben, sind dennoch oft lustige Gesellen, die sich auch gern mal ein Bier in den Schenken am Ufer genehmigen. Wahrscheinlich nicht zu Unrecht vermerkt deshalb die Wolfratshausener Zunftchronik: „Einmal fluchen – fünf Pfennig, reden bei der Arbeit 35 Pfennig. Wer bei einem Streit einen anderen mit Messer, Hacke oder Dolch verletzt, kommt vors Gericht. Flößer, die sich unterwegs in den Herbergen betrinken und schlechtes Verhalten an den Tag legen, werden mit Wasserbaden bestraft." Ob auch Joseph Thaddäus Heiss das ein oder andere Mal baden gehen muss, ist nicht überliefert. Sicher ist aber: Er ist einer der Männer, die sich vor der anstrengenden Arbeit nicht scheuen. Der Münchner Floßmeister scheint hart im Nehmen zu sein: Immerhin 53 Jahre alt ist er, als er am 6. Februar 1879 stirbt – für seinen Berufsstand, der extreme körperliche Strapazen mit sich bringt, ein hohes Alter. Joseph Thaddäus Heiss gehört einer der bedeutendsten Münchner Flößerfamilien an: „Von Ende des 18. Jahrhunderts bis Anfang des 20. Jahrhunderts sind Flößer aus der Familie belegt", erklärt Florian Scheungraber, Mitarbeiter der städtischen Friedhöfe. Viele von ihnen sind wie Joseph Thaddäus Heiss Floßmeister – ein Titel, den nur wenige tragen dürfen. „Die Zahl der Floßmeister war beschränkt, erst wenn einer abgeleibt war, konnte ein anderer nachrücken." Der Titel bleibt gezunfteten Flößern mit langjähriger Erfahrung, ehrbarem Namen, Ehestand und Besitz vorbehalten.

Der Fluss hat immense Bedeutung nicht nur für die Flößer, sondern auch für die Entwicklung der Stadt – und das nicht nur wegen des Salzhandels, der München reich gemacht hat (siehe Kalenderblatt 45): Das Floß ist der schnellste Transportweg für einen der wichtigsten Rohstoffe in dieser Zeit. „Auf der Isar wird das Holz vom Oberland in die Stadt gebracht", berichtet Scheungraber. Bereits ab dem 12. Jahrhundert werden auf Isar und Loisach neben dem Holz auch Steine und Kalk, die im Oberland reichlich vorhanden sind, nach München transportiert. Im Jahr 1159 verleiht der Andechser Graf Berthold III. (um 1110/15-1188) den Flößern das Zunftrecht. Die Flöße fahren üblicherweise übrigens nur einmal: „Die als Bauholz bestimmten Stämme werden zusammengebunden und als Floß genutzt und dann an den Floßländen entladen und auseinandergenommen", erzählt der Stadtkenner. Die Flößer aus dem Oberland wandern nach getaner Arbeit zurück in ihre Heimatdörfer. Wichtigste Anlegestelle ist in München jahrhundertelang die „Untere Länd" im Lehel, etwa auf Höhe der Stelle, wo heute die Ländstraße auf die Steinsdorfstraße trifft. „Dort gab es einen städtischen Baustadel, in dem das Holz und die anderen Materialien eingelagert wurden." Allein für den Bau des Dachstuhls der Frauenkirche im ausgehenden 15. Jahrhundert benötigt man 147 schwer beladene Bauholzflöße. Im 17. Jahrhundert werden auf dem Wasserweg vermehrt auch Luxusgüter transportiert: Südfrüchte, Seide und Gewürze gehören zur wertvollen Fracht.

Auch als Fortbewegungsmittel wird das Floß immer wichtiger: Seit 1623 fährt von der „Unteren Länd" ein fahrplanmäßiges Floß (Ordinarifloß) einmal wöchentlich über Passau und Linz nach Wien. Zwischen sechs und neun Tagen dauert die Reise, drei Gulden werden pro Nase fällig. Wer die Reise in der Schutzhütte auf dem Floß machen möchte, zahlt das Doppelte. Es gibt auch die Möglichkeit, zwischendurch auszusteigen: „Der Fahrpreis für Personen betrug 30 Kreuzer bis Landshut, 1 Gulden 30 Kreuzer bis Passau, 2 Gulden bis Linz", weiß Florian Scheungraber. Das ist billiger als der Landweg: „Die Eilkutschen an diese Orte kosteten den sieben- bis zehnfachen Preis." Einziger Nach-

Florian Scheungraber an der Isar. Im Hintergrund ist eine Skulptur Nepomuks zu sehen, des Schutzpatrons der Brücken. Eine Inschrift erinnert an die Flößerfamilie Heiss.

teil: Man kann nicht im Winter reisen: „Die Betriebszeit für das Ordinarifloß wird im Jahr 1838 von Mitte März bis Mitte November angegeben."

Zu Lebzeiten von Joseph Thaddäus Heiss, Mitte des 19. Jahrhunderts, ist die Blütezeit der Flößerei, 6000 bis 9000 Flöße erreichen München pro Jahr. Im Rekordjahr 1864 sind es mehr als 10.000. Nach wie vor werden vor allem Rohstoffe transportiert, einmal pro Woche fährt ein Passagier-Floß isarabwärts nach Freising, Landshut, Landau und Plattling.

In der zweiten Hälfte des 19. Jahrhunderts jedoch bekommt das Floß durch die Eisenbahn Konkurrenz auf Schienen, und bereits um die Jahrhundertwende hat die Bahn dem Floß den Rang abgefahren. „Der Bau der neuen Zentralläde in Thalkirchen 1899 als Ersatz für die untere und obere Länd war daher schon ein Anachronismus und hat sich nicht mehr rentiert", erklärt der Stadtkenner. Im Jahr 1904 fährt das letzte Floß von München nach Wien.

An die Stelle der Lastfahrten treten die Lustfahrten: Bis zu 600 Flöße legen heute jährlich an der rund 400 Meter langen Anlegestelle ab. Die Flöße befördern Touristen, fahren aber immer noch die traditionelle Strecke von Wolfratshausen nach München. Erste derartige Vergnügungsfahrten gab es übrigens bereits zu Beginn des 20. Jahrhunderts, von 1960 an blühte dieses Geschäft auf.

> **Ein Blick in die Welt...**
> **... vom 6. Februar**
>
> Am 6. Februar 1919 tritt in Weimar erstmals die Nationalversammlung der Weimarer Republik zur Ausarbeitung einer Verfassung zusammen.

Annina Baur

Die erkennungsdienstlichen Fotos von Sophie Scholl, die bei ihrer Verhaftung gemacht wurden.

18. Februar 1943

Geschwister Scholl kämpfen für die Freiheit

Sophie und Hans Scholl haben schon eine Menge Flugblätter verteilt an diesem 18. Februar 1943. Hans trägt einen rotbraunen Koffer, als sie die Ludwig-Maximilians-Universität betreten. Darin befinden sich unzählige Exemplare ihres sechsten Flugblattes, außerdem einige wenige des fünften. Mit ihrer Gruppe „Die Weiße Rose" setzen die Geschwister dem Nationalsozialismus mit äußerster Entschiedenheit Widerstand entgegen. Jetzt müssen sie sich beeilen, um die letzten Flugblätter in den Hörsälen und Fluren zu verteilen. Noch sind sie allein und glauben, die Uni sei menschenleer, aber bald werde sie sich füllen. Die beiden wollen, dass die Studenten dann ihre Aufrufe zum Widerstand gegen das Hitlerregime finden. Schon haben sie den Hinterausgang erreicht, da drehen sie nochmal um. Ein paar Flugblätter haben sie ja noch, auch die wollen sie loswerden. Jedes Flugblatt ist wichtig, jedes könnte einen Menschen erreichen, der mit ihnen gemeinsam aufsteht und sich gegen den Unrechtsstaat erhebt. 9000 Stück haben sie gedruckt, 8900 mehr als von ihrem ersten Flugblatt, das sie im Juni 1942 anonym an ausgewählte Professoren, Intellektuelle und Buchhändler verschickt haben. Rasch nehmen sie die Treppe in den ersten Stock und werfen von dort aus die Flugblätter in den Lichthof. Das soll ihnen zum Verhängnis werden. Der Hörsaaldiener Jakob Schmid entdeckt sie, hält sie fest und ruft die Gestapo. „Das muss man sich mal vorstellen: Man hat sie nicht nur angezeigt, sondern sie wirklich festgehalten und ausgeliefert. Das ist unglaublich. Die beiden waren Anfang 20 und noch voller Ideale", sagt Stadtführerin Dr. Cornelia Engelhard, die sich viel mit der Geschichte von Hans (1918-1943) und Sophie (1921-1943) Scholl beschäftigt hat, betroffen. „Sie haben Stunden vor ihrer Hinrichtung noch Briefe geschrieben, und wenn man sie durchliest, denkt man: Was waren das für unglaubliche Menschen? Wie kann man in einem solchen Moment noch so große Gedanken haben? Sie haben ihren Eltern gedankt und sich gleichzeitig entschuldigt für das, was sie getan haben, aber sie hätten nicht anders gekonnt."

Dr. Cornelia Engelhard kniet vor dem Flugblätter-Denkmal vor der Münchner Universität nieder.

Nach der Verhaftung bringt man die Geschwister zum Wittelsbacher Palais, in dem die Gestapo-Zentrale untergebracht ist. Drei Tage lang werden sie getrennt voneinander vernommen. Auch ihr Mitstreiter Christoph Probst (1919-1943) wird verhaftet, weil Hans Scholl einen Flugblattentwurf von ihm in der Tasche hat. Der „Blutrichter" Roland Freisler verurteilt Hans, Sophie und Christoph zum Tode. Unter anderem beschuldigt man sie der „Vorbereitung zum Hochverrat", fünf Tage nach ihrer Verhaftung werden sie hingerichtet. In der Folge nimmt man weitere Mitglieder der „Weißen Rose" gefangen und ermordet sie: Am 13. Juli 1943 werden Kurt Huber und Alexander Schmorell enthauptet, Willi Graf wird am 12. Oktober 1943 hingerichtet.

Ein Blick in die Welt...
... vom 18. Februar

Am 18. Februar 1952 werden Griechenland und die Türkei in die NATO aufgenommen.

„Sie alle", sagt Cornelia Engelhard, „haben doch nur die Wahrheit gesagt. Manche von ihnen waren auch als Soldaten an der Front und hatten bei ihrer Rückkehr berichtet, was da wirklich stattfindet. Sie erzählten von dem Grauen, von den Massenhinrichtungen. Sie wollten vor allem auch die Jugend erreichen und an sie appellieren: Steht auf und lasst euer Land hier nicht verkommen!" Sie wollten klarmachen, dass Hitler den Kampf ohnehin nicht mehr gewinnen könne, nur verlängern, sagt die Kunsthistorikerin. „Sie verfolgten die Idee von einem föderalistischen Deutschland und einem vereinten Europa." Dafür stehen sie, dafür kämpfen sie, dafür sterben sie. Und das bringen sie zum Ausdruck. Mit Worten, die sie auf Flugblätter schreiben. Worten wie diesen: „Erschüttert steht unser Volk vor dem Untergang der Männer von Stalingrad. Dreihundertdreißigtausend deutsche Männer hat die geniale Strategie des Weltkriegsgefreiten sinn- und verantwortungslos in Tod und Verderben gehetzt. Führer, wir danken dir! Es gärt im deutschen Volk: Wollen wir weiter einem Dilettanten das Schicksal unserer Armeen anvertrauen? Wollen wir den niedrigsten Machtinstinkten einer Parteiclique den Rest unserer deutschen Jugend opfern? Nimmermehr!"

Eva-Maria Bast

Der Trauung in der Kirche Unserer Lieben Frau folgte ein pompöses Fest.

21. Februar 1568

Das rauschende Hochzeitsfest dauert drei Wochen

Neuhausen 1568. Der heute mit fast 100.000 Einwohnern zweitgrößte Stadtbezirk Münchens ist ein winziges Bauerndorf. „Und dann gab es diesen einen Tag, an dem Neuhausen zum Mittelpunkt Bayerns wurde", sagt Franz Schröther von der Geschichtswerkstatt Neuhausen. Es ist der 21. Februar 1568. Wo heute der Leonrodplatz ist, sind zwei Zelte aufgebaut. „Dort treffen die Brautleute Wilhelm von Bayern und Prinzessin Renata von Lothringen aufeinander." Die beiden haben sich nie zuvor gesehen, es ist eine politische Heirat, die die Eltern des damaligen Kronprinzen und späteren Herzogs Wilhelm V. (1548-1626) eingefädelt haben. „In regierenden Häusern wurde nach politischen Gesichtspunkten geheiratet", erklärt der Stadtkenner. Ebenbürtigkeit im Rang ist wichtiger als Zuneigung. Oberstes Ziel ist nicht persönliches Glück, sondern die Macht zu mehren.

Doch zurück zur ersten Begegnung der Brautleute. Nachdem Prinzessin Renata (1544-1602) bereits zwei Tage zuvor mit ihrem Gefolge in Dachau angekommen war, wird sie am 21. Februar von den Erzherzögen Karl (1540-1590) und Ferdinand (1529-1595) von Österreich dort abgeholt und nach München geleitet: Trommler und Trompeter zu Pferd, Handwerker mit Zunftfahnen, Abgeordnete der Freien Reichsstädte, zahlreiche Fürsten, Grafen und Barone sowie Edelknechte und Diener in festlicher Tracht bilden das Empfangskomitee. „Der Zug bestand aus rund 5600 Reitern, das Fußvolk wurde gar nicht erst gezählt", berichtet Schröther. Die Prinzessin sitzt in einer mit roter Seide ausgekleideten Sänfte, die von zwei Maultieren getragen wird. Auf dem Neuhauser Hart angekommen, zieht sie sich kurz in eines der Zelte zurück. Und dann der große Moment: Gleichzeitig treten Renata und Wilhelm aus ihren jeweiligen Zelten, gehen aufeinander zu und treffen sich auf halbem Weg zum ersten Mal. Nach mehreren Ansprachen formiert sich der Zug neu und setzt sich gen München in Bewegung. Es ist ein Spektakel: „Es heißt, Renata sei noch auf dem heutigen Leonrodplatz gewesen, als die Spitze des Zugs bereits die Residenz in München erreichte", erzählt Franz Schröther. Mit Salutschüssen, Pauken und Trompeten wird die von sechs Schimmeln

Franz Schröther am Leonrodplatz. 1568, als sich die Brautleute erstmals begegneten, war dort Brachland.

gezogene vergoldete Kutsche der Braut dann in der Stadt empfangen. Und das ist nur ein kleiner Vorgeschmack auf die pompöse Hochzeitsfeier.

„Zu dem Fest, das möglicherweise die größte und teuerste Hochzeit war, die man in unserer Familie je gefeiert hat, schickten der Papst, der Kaiser, der König von Spanien, die Königin von Polen, der Kurfürst von der Pfalz und viele andere Fürsten ihre Vertreter oder kamen, wie der Erzherzog von Tirol und Steiermark oder der Herzog von Württemberg, selbst mit großem Gefolge nach München", schreibt der Historiker Adalbert Prinz von Bayern (1886-1970). Augenzeugen beschreiben die geschmückte Braut: Sie trägt ein „Kleid von Brokat mit einem breiten, mit Diamanten und Perlen besetzten Saume, den Hals zierte eine Kette von den reichsten Edelsteinen, und ein Diamant im Werthe von 16 000 Scudi hing an der Brust herab. Am Kopf trug sie ein Häubchen reich besetzt mit Diamanten und Perlen." Der Trauung am 22. Februar in der Kirche Unserer Lieben Frau folgt ein fast drei Wochen dauerndes, rauschendes Fest.

> Ein Blick in die Welt...
> ... vom 21. Februar
>
> Vom 21. Februar 1878 an gibt es in New Haven im US-amerikanischen Bundesstaat Connecticut das weltweit erste Verzeichnis der Telefonteilnehmer mit 50 Einträgen.

Auf dem Marktplatz werden Tänze und Turniere veranstaltet, sodass die Bürger als Zuschauer einen Teil der Feierlichkeiten miterleben können. Eine Darstellung des Kübelstechens, das seinen Namen von den kübelartigen Helmen hat, die die Männer beim Lanzenstechen trugen, kann man heute noch sehen. Es ist die Vorlage für das im Glockenspiel des Neuen Rathauses abgebildete Lanzenstechen. Außerdem erinnert die Renatastraße an den Tag, an dem Neuhausen der Nabel Bayerns war.

Annina Baur

Die Brauereien, hier Pschorr auf einer Aufnahme aus dem Jahr 1890, waren Ziel der Demonstranten.

26. Februar 1780

Bier wird zum Politikum

Die Bayern und das Bier – das gehört zusammen. „München ist und bleibt eine Bierstadt, das Reinheitsgebot von 1516 ist das älteste Gesetz in Bayern", erklärt Klaus Huber vom Historischen Arbeitskreis Sendling. Es sind zunächst Mönche, die Bier brauen (siehe Kalenderblatt 01). Als sehr erfolgreich erweisen sich die Paulaner im Kloster „Neudeck ob der Au": Sie sieden ein besonders starkes Bier, um davon in der Fastenzeit satt zu werden, und nennen es „Sankt-Vater-Bier". In den 1770er-Jahren verfeinern sie das Gebräu – die Münchner pilgern scharenweise in die Au, um es im Klostergarten zu trinken. Doch die Mönche haben gar kein Schankrecht! Weil das „Salvatorbier", wie es inzwischen im Volksmund genannt wird, aber auch dem Hofstaat so gut schmeckt, legitimiert Kurfürst Karl Theodor (1724-1799) das Treiben: Am 26. Februar 1780 gestattet er den Mönchen den freien Bierausschank. Und just dieses Salvatorbier, schreibt Rolf Lohberg in seinem Bier-Lexikon, führt eines Tages zu heftigen Unruhen: Das Bier wird zum Politikum.

Für Klaus Huber wäre der Bierpreis kein Grund, auf die Barrikaden zu gehen.

Zeitsprung ins Jahr 1844: Während die Bevölkerung eine Erhöhung des Brotpreises noch hinnimmt, ist Schluss mit dem Gehorsam, wenn es ums Bier geht. Nachdem König Ludwig I. (1786-1868) wegen Rohstoffknappheit den staatlich festgesetzten Bierpreis am 1. Mai um einen Pfennig pro Maß erhöht hat, steigen die Münchner noch am Abend auf die Barrikaden. „Hunderte Bürger stürmten die Brauereien", erzählt der Stadtkenner. Der Philosoph Friedrich Engels (1820-1895), engster Freund und Mitarbeiter von Karl Marx, wird Augenzeuge des Aufstands und notiert: „Die arbeitende Bevölkerung versammelte sich in großer Menge, marschierte durch die Straßen, überfiel öffentliche Gebäude, schmiss die Fenster ein, zertrümmerte die Einrichtung und zerstörte alles in ihrer Reichweite um Rache für die Preiserhöhung ihres Lieblingsgetränks zu nehmen." Die Motivation der Ordnungshüter, gegen die erbosten Massen einzuschreiten, ist gering – sind sie doch ebenso empört: „Sie verweigerten die Befehle, gegen die wütenden Bürger vorzugehen", sagt Klaus Huber. Der Aufstand erreicht sein Ziel, am vierten Abend der Unruhen wird die Preiserhöhung zurückgenommen.

Historisch wird die Bierrevolution auch als Vorbote der Märzrevolution 1848 (siehe Kalenderblatt 12) angesehen. „Wenn das Volk einmal gelernt hat, dass es der Regierung im Falle ihres Steuersystems Angst einjagen konnte, dann wird es schnell erkennen, dass es eben so einfach ist, ihr auch bei wichtigeren Angelegenheiten das Fürchten zu lehren", schreibt Engels. Nicht länger will man sich Willkür von oben gefallen lassen: In der Deutschen Revolution (1848/49) manifestieren sich bürgerlich-demokratische Freiheits- sowie nationale Einheitsbestrebungen, die sich gegen die restaurative, spätabsolutistische Politik der in der „Heiligen Allianz" verbündeten Herrscherhäuser richten. Dieses Bündnis gründen die Monarchen von Russland, Österreich und Preußen nach dem endgültigen Sieg über Napoleon I. (1769-1821) am 26. September 1815 in Paris. Ziel der Allianz ist die Wiederherstellung der absolutistischen Herrschaft und die Sicherung „Ewigen Friedens" durch die Selbstverpflichtung auf die Grundsätze der Restauration, Legitimität und Solidarität der Monarchen, die sich nach wie vor als von Gott eingesetzt ansehen.

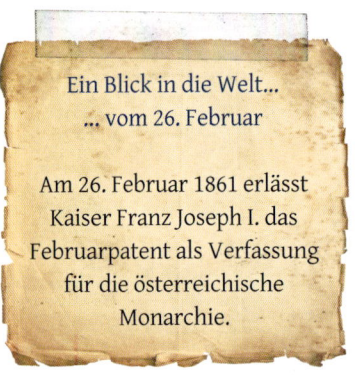

Ein Blick in die Welt...
... vom 26. Februar

Am 26. Februar 1861 erlässt Kaiser Franz Joseph I. das Februarpatent als Verfassung für die österreichische Monarchie.

Dass die Münchner keinen Spaß verstehen, wenn es ums Bier geht, beweisen sie noch mehrfach: Im Oktober 1848 treffen Unruhen die Brauerei Pschorr, 1888 artet das Starkbierfest auf dem Nockherberg zur „Salvator-Schlacht" aus. Bei der Biergartenrevolution am 12. Mai 1995 geht es um die Frage, wie lange die Biergärten geöffnet haben dürfen. Dabei protestieren die Bürger erfolgreich gegen ein Vorziehen der Sperrstunde auf 21.30 Uhr. Denn wer hat schon etwas von seinem Bier zu erschwinglichem Preis, wenn er es sich nicht im Biergarten schmecken lassen kann? Das geht nun bis 23 Uhr, solange es nicht zu laut ist.

Annina Baur

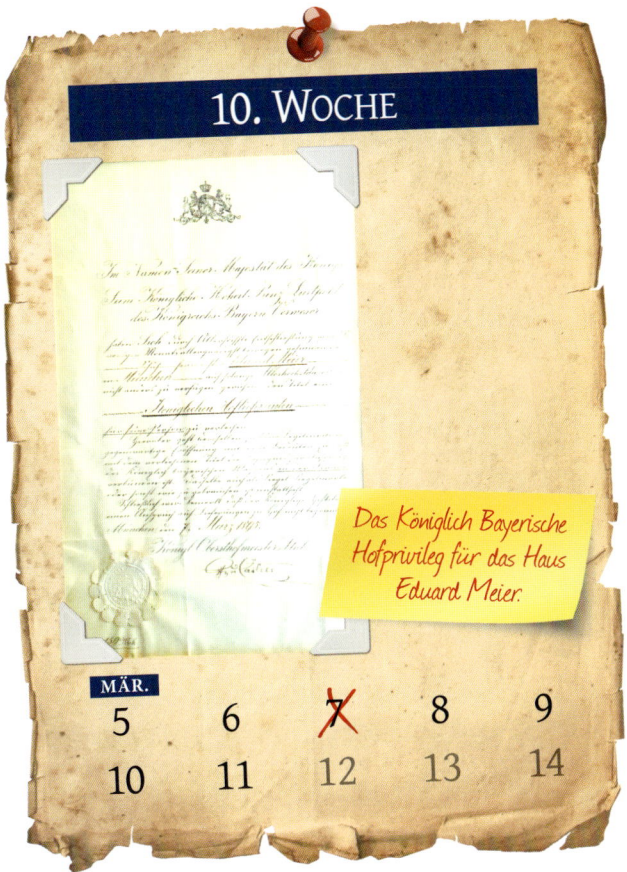

07. März 1895

Maria Meiers Freudentänzchen

Urgroßmutter Maria Meier springt im Kreis vor Freude, als sie die Nachricht erhält. Wobei, nein, das ist nicht ganz korrekt: Denn als Maria Meier eben jene weltbewegende Information bekommt, ist sie noch keine Urgroßmutter, sondern eine junge Frau. Aber heute erzählt ihr Urgroßenkel Peter Eduard Meier die Geschichte. Und er sagt: „Weil die Urgroßmutter im

Kreis sprang, tanzen wir jedes Jahr an diesem Tag den Meier-Tanz – oft verbunden mit einem großen Familientreffen." Was aber reißt Maria Meier zu ihrem spontanen Freudentänzchen hin? „Das Beste, was einer Kauffrau passieren kann: Ihr Mann Eduard erhielt den Titel des Königlich Bayerischen Hoflieferanten", sagt Peter Eduard Meier.

Seit es das Königreich gibt, also seit 1806, gibt es auch den Titel. „Unserer ist aber erst nach dem Tod Ludwigs II. ausgestellt worden", präzisiert Meier. „Das war für uns herrlich und das ist es auch heute noch. Es sagt zwar den wenigsten Kunden was, aber nach innen können wir so mit unseren Mitarbeitern sehr gut das Thema Qualität kommunizieren. Wir sagen immer: Stellen Sie sich vor, morgen gäbe es wieder die Monarchie in Bayern. Wir möchten auf einem Stand sein, dass wir übermorgen wieder den Titel als Königlich Bayerische Hoflieferanten haben können. Also strengt euch an."

Die Königlich Bayerischen Hoflieferanten liefern alles, was man bei Hofe braucht: Lebensmittel, Kleidung, Lederwaren und vielerlei mehr. Was die Vorteile sind, wenn man Königlich Bayerischer Hoflieferant ist? Zum Beispiel darf man das große Königliche Wappen mit Mantel und Ordenskette in der Firma führen. Das kennzeichnet eine besondere Qualität der Ware. Das originale Wappen hat Peter Eduard Meier noch heute. Es ist ziemlich schwer und aus Gusseisen. Doch eine hervorragende Ware reicht für den Titel nicht aus: Prinzregent Luitpold (1821-1912) erlässt 1912 eine Verordnung, aus der hervorgeht, dass die Hoflieferanten bayerische Staatsbürger sein müssen. Außerdem sollen sie das 30. Lebensjahr vollendet

Peter Eduard Meier mit dem Königlichen Hoflieferanten-Wappen seiner Familie.

haben und seit mindestens sechs Jahren Inhaber oder Leiter des Geschäfts sein. Um Königlich Bayerischer Hoflieferant zu sein, braucht man einen tadellosen Leumund, einwandfreie Vermögens-, Kredit- und Familienverhältnisse, Erstklassigkeit und eine herausragende Stellung innerhalb der Konkurrenzanbieter. „Der Titel wurde nur persönlich und auf Lebenszeit verliehen", sagt Peter Eduard Meier – und nach dem Ersten Weltkrieg war das vorbei. „Der Titel war einfach ein Gütesiegel und ein Ansporn: Die Kunden konnten davon ausgehen, dass die Ware erstklassig ist, wenn sogar der Hof sich beliefern lässt." Wie hochqualitativ in München gearbeitet wird und wie groß der Bedarf bei Hof ist, zeigen die Zahlen: 1918 gibt es 750 bis 800 Königlich Bayerische Hoflieferanten, ein Großteil der Ernannten ist in München ansässig, rund zehn Prozent im übrigen Bayern, etwas weniger im übrigen Deutschland und im Ausland. Mit Kriegsende und dem damit einhergehenden Ende der Monarchie verlieren die Titel 1918 ihre Funktion und Bedeutung. In der Folge – man betrachtet nun die Monarchie als verstaubte Vergangenheit und bejubelt die Republik – schlägt der Ruhm der damaligen Hoflieferanten ins Gegenteil um, viele einstige Hoflieferanten, die ihre Wappen noch hängen haben, werden nun verspottet, gelten als ewig Gestrige. Eduard Meier lässt sich davon nicht beeindrucken: Das Unternehmen hält an der Tradition fest und nennt sich heute immer noch „vormals k. b. Hoflieferant".

Peter Eduard Meier ist stolz darauf und wird die Tradition fortführen. Bei seinen Kunden kommt das gut an.

Eva-Maria Bast

> **Ein Blick in die Welt...**
> **... vom 7. März**
>
> Am 7. März 1897 serviert der Arzt John Harvey Kellogg den Patienten in seinem Sanatorium zum ersten Mal Cornflakes, die er zusammen mit seinem Bruder Will Keith Kellogg erfunden hat.

11. Woche

Zahlreiche Zuschauer wollten das erste Skispringen in München sehen.

MÄR.
~~12~~ 13 14 15 16
17 18 19 20 21

12. März 1925

Skispringen mitten in der Stadt

Zum Skispringen gehören Berge? Von wegen! Das denkt sich zumindest Hans Roth. Der Bauunternehmer, der in Bogenhausen zuerst Lehm und dann Kies abbaut, ist leidenschaftlicher Wintersportfan und war in seiner Jugend Skirennläufer. „Hans Roths Skibegeisterung haben die Münchner ihre einzige Skisprungschanze zu verdanken", sagt Roland Krack vom Verein für Stadtteilkultur im Münchner Nordosten. Roth gibt Mitgliedern der 1924 gegründeten Vereinigung zur Förderung des Skilaufs in München die Möglichkeit, in der Kiesgrube seines Quetschwerks zwei Schanzen aus Holz zu zimmern. Wo heute östlich der Richard-Strauss-Straße längs der Kleingartenanlage der Schreberweg verläuft, erhoben sich im März 1925 am Rand des Quetschwerks zwei Schanzen, „der Anlaufturm der größeren war 23 Meter hoch", berichtet der Münchner.

Nun fehlt nur noch der Schnee auf der Schanze: „Als ihr Erbauer, Ingenieur Woerner von der Vereinigung zur Förderung des Skilaufes, am Mittwoch vormittag mit Hauptmann Henle, dem Vorsitzenden der Vereinigung, den Entschluß faßte, das Eröffnungsspringen durchzuführen, lag so gut wie kein Schnee", berichten die Münchner Neuesten Nachrichten am 13. März 1925. „Aber schon zwei Stunden hernach rollten, dank dem Entgegenkommen von Oberbaurat Bosch und Bauamtmann Hart vom Tiefbauamt, schneebeladene Lastwagen zur Bogenhauser Kiesgrube." Nachdem über Nacht auch noch Petrus, der „himmlische Schneeverwalter", ein Einsehen hat und

Heute befindet sich ein Park an der Stelle der einstigen Kiesgrube.

eine „prächtige Schneedecke" schickt, ist es am 12. März 1925 so weit: Das erste deutsche Skispringen in einer mitteleuropäischen Stadt kann beginnen.

„Gegen 2 Uhr wurde die große Schanze von einigen Seniorenspringern durch Probesprünge versucht und als gut befunden", berichtet die Zeitung. Dem Skisport-Pionier Carl Joseph Luther (1882-1968) steht der Eröffnungssprung des Schauspringens zu, hat er doch zum Gelingen des unglaublichen Vorhabens als Schanzenbau-Experte, Skispringer und Reporter beigetragen. Er ist auch Autor des Zeitungsartikels und erklärt in den Münchner Neuesten Nachrichten fachmännisch, weshalb der Norweger Aasland, im Stil der Zeit durch die Luft rudernd, nur 23 Meter weit springt: „In der Höhe von München liegender Schnee gibt wohl nie so rasche Fahrt als Pulver- und Firnschnee der Höhenlage."

Ein Blick in die Welt...
... vom 12. März

Am 12. März im Jahr 1894 wird Coca-Cola erstmals in Flaschen verkauft.

Der Begeisterung tun die widrigen Bedingungen aber keinen Abbruch: Luther berichtet von Skispringern, die wie im Rausch „über Gebühr oft immer wieder von der Schanze in die Tiefe (gingen), und fast mit Gewalt mußte man sie schließlich vom Turm weisen, als des Spieles genug und der Schnee stellenweise fast ganz von der Bahn weggewetzt war". Und auch die Zuschauermenge ist „über Erwarten stark", berichtet Luther: „Dicht umsäumte sie den Rand der mächtigen Kiesgrube, in die sich die beiden Sprunghügel hinabsenken, dicht besetzt war die sehr günstig placierte Tribünenanlage und nicht respektiert wurden die absperrenden Stacheldrahtzäune."

Nach wenigen Wettkämpfen ist trotzdem Schluss mit dem Skispringen in München. „Die Vision hat sich nicht erfüllt", sagt Roland Krack. „Später spielten Kinder in der mit Wasser gefüllten ehemaligen Kiesgrube, heute ist an der Stelle ein kleiner Park." Mit ein wenig Fantasie erinnern die kleinen Hügel an die einstige Nutzung als Wintersportgebiet.

Annina Baur

12. Woche

Sinnbildliche Darstellung: Ludwig I. himmelte die Tänzerin Lola Montez an.

MÄR.
19 ~~20~~ 21 22 23
24 25 26 27 28

20. März 1848

Ludwig liebt Lola – folgenschwere Leidenschaft

„Bayern! Eine neue Richtung hat begonnen, eine andere als die in der Verfassungsurkunde enthaltene, in welcher Ich nun im 23. Jahre geherrscht. Ich lege die Krone nieder zugunsten Meines geliebten Sohnes, des Kronprinzen Maximilian." Mit diesen Worten erklärt König Ludwig I. (1786-1868) am 20. März 1848 seinen Rücktritt, berichtet die Münchener politische

Zeitung am 21. März 1848. „Treu der Verfassung regierte Ich; dem Wohle des Volkes war mein Leben geweiht; – als wenn ich eines Freistaats Beamter gewesen, so gewissenhaft ging ich mit dem Staatsgute, mit den Staatsgeldern um. Ich kann jedem offen in die Augen sehen. – Und nun Meinen tief gefühlten Dank Allen, die mir anhingen. Auch vom Throne herabgestiegen, schlägt glühend Mein Herz für Bayern, für Deutschland." Ob die Bevölkerung diese Einschätzung seiner Regentschaft teilt, darf bezweifelt werden. Eine anonyme Flugschrift von 1849 formuliert es so: „Ludwig (...), der Bürger schlug Dich, denn Du kanntest ihn nicht (...)".

Doch dies hat eine Vorgeschichte: Nachdrücklich betont Ludwig I. die Dominanz der Monarchie. Die Erweiterungen der Residenz, die Ruhmeshalle samt monumentaler Bronzefigur der Bavaria (siehe Kalenderblatt 32), die Prachtarchitektur der Ludwigstraße sowie die Pinakotheken sind Teil des Bauprogramms des architekturbegeisterten Königs. Seine bei Amtsantritt fortschrittliche Politik – 1825 lässt Ludwig die Pressefreiheit einführen und ernennt liberale Minister – verkehrt sich nach der französischen Julirevolution 1830 ins Gegenteil: „Ludwigs Misstrauen gegenüber seiner Bevölkerung resultierte aus seinen traumatischen Kindheitserfahrungen während der Französischen Revolution und seiner Überzeugung von monarchischer Souveränität über jeglichen Parlamentarismus", erklärt Georg Reichlmayr, Historiker und Stadtführer. Obwohl Bayern im Gegensatz zu Preußen und Österreich zu dieser Zeit einer der wenigen zum Deutschen Bund gehörenden Staaten ist, die, wie in der Bundesakte vereinbart, eine Verfassung bekommen haben, regiert Ludwig, wie es ihm passt: „Von den Rechten der Krone trete ich keinen Zoll ab", stellt der König gegenüber dem Landtag klar. Bespitzelung, Zensur, Verweigerung von Brief- und Versammlungsfreiheit sind die Folgen. 1832 lässt der König Zeitungen verbieten und Druckereien schließen. 1837 ernennt er Karl von Abel (1788-1859) zum Innenminister, einen radikalen Vertreter der Monarchie und des politischen Katholizismus, der jegliche Freiheiten für Protestanten ablehnt. Für ihn persönlich hat die Freiheit allerdings keine Grenzen, denn Ludwig pflegt zahlreiche Affären. Eine wird ihm zum Verhängnis. „Ich liebe dich mit meinem Leben, meinen Augen, meiner Seele, meinem Körper, meinem Herzen, meinem ganzen Ich. Schwarzes Haar, blaue Augen, anmutige Gestalt", schreibt der König in einem Gedicht in seinem Notizbuch. Die Zeilen richten sich an Lola Montez (1820-1861), wie sich die irischstämmige Tänzerin Elizabeth Rosanna Gilbert nennt, die im Oktober 1846 nach München kommt. Sie weiß, was sie will: Als ihr nicht gestattet wird, am Hoftheater aufzutreten, kämpft sie sich bis zum König vor und überzeugt ihn auf ihre Weise von ihren Qualitäten. Sie habe sich „als der König einigen Zweifel über die Realität der ersichtlichen Wölbung ihres Busens andeutete, eine Schere von des Königs Schreibtisch genommen und sich damit das Kleid vor der Brust aufgeschnitten", erzählt man sich.

Ihr Verhalten provoziert: Rauchend spaziert die Schöne durch München, sie bezeichnet sich öffentlich als Mätresse des Königs. Politische Dimension bekommt die Affäre, als Ludwig Lola zur Gräfin machen will und sich das zuständige Ministerium dem Wunsch jedoch widersetzt. Selbst Carl von Abel ist gegen die Gewährung des Bürgerrechts für Lola Montez. Der Regent entlässt daraufhin das Kabinett, jetzt läuft das Fass über. Die Bürger sind wütend auf ihren

Georg Reichlmayr am Denkmal von Ludwig I. am Odeonsplatz.

König, dessen Geheimpolizei derweil über Glauben und Moral wacht. Die Situation eskaliert, wobei Lola Montez nicht Grund, sondern höchstens Auslöser der Revolution ist. „Letztlich war die Empörung

47

über die Liebesaffäre um Lola Montez nur Ausdruck für den breiten Unmut in der Bevölkerung gegen die einschränkende Kontrollpolitik des Monarchen, der sich persönlich jede Freiheit herausnahm", erklärt der Stadtführer.

Ermutigt von der Pariser Februarrevolution gehen auch die Münchner auf die Straße. Sie fordern Pressefreiheit und Ministerverantwortlichkeit, öffentliche Gerichtsverhandlungen, die Vereidigung des Militärs auf die Verfassung und ein neues Wahlgesetz. „Mit Lola hatten diese Forderungen schon längst nichts mehr zu tun", sagt Reichlmayr. Es gründen sich politische Vereine. Am 3. März unterzeichnen 15.000 Münchner eine an den König gerichtete Adresse und fordern Reformen. Am 4. März plündern die Aufständischen das städtische Waffenarsenal im Zeughaus und gehen auf dem Dultplatz (heute Maximilians- und Lenbachplatz) mit Schwertern, Hieb- und Stichwaffen auf die königliche Garde los. Der bedrängte König verhindert Blutvergießen, indem er verspricht, auf die Forderungen einzugehen und einen Landtag einzuberufen. Doch dann tritt er am 20. März 1848 lieber verbittert ab, als sein Versprechen in die Tat umzusetzen. „Statt Sklave zu werden, werde ich Freyherr", soll er seinen Rücktritt kommentiert haben.

Und Lola? Die Tänzerin wird des Landes verwiesen, geht nach Australien und Amerika. Mit nur 42 Jahren stirbt sie in New York und hat sich nicht nur einen Platz in der Schönheitengalerie (siehe Kalenderblatt 27) gesichert, sondern auch in der Seele des ehemaligen Königs, dessen Leidenschaft nicht verlischt, obwohl sie ihn gewissermaßen um die Krone brachte. Ludwig dichtet: „Du gehst meinem Herzen nicht verloren, Du bleibst darin, ich lasse von Dir nie."

Annina Baur

> **Ein Blick in die Welt...**
> **... vom 20. März**
>
> Ab dem 20. März 1591 steht die Rialtobrücke in Venedig für den Verkehr zur Verfügung.

13. Woche

SA-Männer klebten Boykottaufrufe an die Fensterscheiben eines Geschäftshauses.

MÄR.				
26	27	28	29	30
~~31~~	1	2	3	4
	APR.			

31. März 1933

Als die Nazis jüdische Geschäfte boykottierten

Der 1. April ist ein finsteres Datum für Deutschland. Eins von so vielen in jenen Jahren: In ganz Deutschland werden die Geschäfte jüdischer Einwohner von der Sturmabteilung (SA) und der Schutzstaffel (SS) abgeriegelt. Die Bevölkerung soll daran gehindert werden, bei ihnen einzukaufen oder ihre Dienstleistungen in Anspruch zu nehmen. Begründet wird diese von

12. Jh. 13. Jh. 14. Jh. 15. Jh. 16. Jh. 17. Jh. 18. Jh. 19. Jh. **20. Jh.** 21. Jh.

Reichspropagandaminister Joseph Goebbels (1897-1945) erlassene Anweisung mit dem Vorwurf, „jüdische Greuelpropaganda" habe „die Ehre des deutschen Volkes verletzt". Die Aktion war für den 1. April angesetzt, aber Julius Streicher (1885-1946), zu dieser Zeit Leiter des „Zentralkomitee(s) zur Abwehr der jüdischen Greuel- und Boykotthetze", ruft schon Ende März zu diesem Boykott auf. Und so ist München dieser deutschlandweiten Welle des Grauens einen Tag voraus: Am 31. März 1933 organisieren die NSDAP-Ortsgruppen den Boykott zur Isolierung der Juden. SA und SS postieren sich vor Geschäften, Kanzleien und Warenhäusern jüdischstämmiger Münchner. „Schlagartig werden mehr als 600 jüdische Firmen Münchens boykottiert, zum Schutze der Inhaber und zur Belehrung des Publikums durch Posten gesichert und durch Plakatierung der Schilder gekennzeichnet. Die Zulassung von Juden zu Mittel- und Hochschulen, zu Ärzte- und Rechtsanwaltschaften wird auf eine relative Zahl beschränkt", ist der Chronik der Stadt München zu entnehmen. So richtig fruchten die Bemühungen aber nicht, die Münchner Neuesten Nachrichten schreiben am 1. April: „Die Geschäftsstraßen in der Münchner Innenstadt, aber auch die verkehrsreichen Plätze in den Außenvierteln waren dicht bevölkert, vor den jüdischen Geschäften standen zahlreiche Menschen. Im Straßenzug Marienplatz-Karlsplatz war das Menschengewoge so stark, daß die Straßenbahnwagen wiederholt anhalten mußten (...) SA-Männer hielten den Verkehr in Fluß." Sind es Schaulustige? Nein, eher ist es so, dass sich viele Münchner nicht einschüchtern lassen wollen und demonstrativ in den jüdischen Geschäften einkaufen, um sie zu unterstützen und ihren Protest gegen das erst seit zwei Monaten herrschende Naziregime zum Ausdruck zu bringen. Im Polizeibericht heißt es: „Die Bevölkerung neigt vielfach dazu, die Juden zu bemitleiden."

Die jüdische Münchner Bevölkerung reagiert schockiert bis erbost, viele hoffen und glauben, bei der Aktion handle es sich um

> **Ein Blick in die Welt...**
> **... vom 31. März**
>
> Am 31. März 1889 wird der Eiffelturm anlässlich der Weltausstellung in Paris eingeweiht.

eine einmalige Sache. Alfred Neumeyer (1867-1944), Präsident des Verbandes Bayerischer Israelitischer Gemeinden, schreibt am 1. April einen offiziellen Brief an den Reichskommissar für Bayern, Franz von Epp (1868-1947). Darin protestiert er gegen die „(...) ungeheuerlichen Anschuldigungen, die gegen uns deutsche Juden erhoben werden", und betont die nationale Gesinnung der deutschen Juden „Wir haben nicht das geringste zu tun mit den Machenschaften gewisser Elemente im Ausland gegen Deutschland (...)" Indem er sich von den Handlungen anderer, den „Machenschaften gewisser Elemente im Ausland gegen Deutschland", absetzt, hofft er möglicherweise, die Zuverlässigkeit und Vaterlandstreue der deutschen Juden unter Beweis zu stellen.

Neumeyer unterzeichnet seinen Brief mit der Formel „in tiefer Ergebenheit".

Eva-Maria Bast

14. Woche

Simplicissimus-Ausgaben der ersten Jahrgänge sind bei Sammlern beliebt.

APR.
2 3 ~~4~~ 5 6
7 8 9 10 11

04. April 1896

Satirischer Spiegel der wilhelminischen Politik

300.000! Mit dieser exorbitant hohen Zahl gedruckter Exemplare startet die Zeitschrift Simplicissimus in München. Am 4. April 1896 erscheint die erste Ausgabe, von der nur ein Bruchteil verkauft wird. In den ersten Jahren betrug die Auflage dann nur wenige Tausend Exemplare. „Was größenwahnsinnig anmutet, könnte eine raffinierte Werbemaßnahme des Verlegers

Albert Langen gewesen sein, um Aufmerksamkeit für seine neue Zeitschrift zu erregen, an deren Mythos er von Anfang an arbeitete", vermutet der Münchner Illustrator Markus Grolik. Ursprünglich als illustrierte Literaturrevue gedacht, avanciert der Simplicissimus schnell zur wohl bis heute bekanntesten deutschen Satirezeitschrift.

„Die Karikaturen sind sehr ästhetisch und bedürfen keiner hässlichen Überzeichnung", beschreibt der Illustrator den Stil der satirischen Zeichnungen. „Subtil wird dargestellt, welcher Sparte der Gesellschaft der Karikierte angehört, so erkennt man am nach oben gezwirbelten Schnurrbart den Leutnant und an der Zipfelmütze den deutschen Normalbürger." Ein Spiegel der wilhelminischen Epoche will die Zeitschrift sein: Militär, Kirchen, bürgerliche Moral, Politik sowie Juristen und Beamte sind Zielscheibe der Zeichner. „Wir bekämpfen den übertriebenen deutschen Chauvinismus, den maßlosen Militarismus, den Spießbürger, unseren geheimen Feind, die preußischen Konservativen und das protestantische Muckertum", charakterisiert Albert Langen sein Programm, für das er bedeutende Illustratoren gewinnen kann. Unter anderem spitzen Eduard Thöny, Thomas Theodor Heine, Olaf Gulbransson und Bruno Paul ihre Stifte für die Wochenzeitschrift. Auch viele bekannte zeitgenössische Schriftsteller publizieren im Simplicissimus, darunter Hermann Hesse, Thomas Mann, Robert Walser und Erich Kästner.

Verhalten politisch wird der Simplicissimus erstmals im vierten Heft des ersten Jahrgangs, in dem Gedichte Georg Herweghs veröffentlicht werden, einem Wortführer der Revolution von 1848/1849 (siehe Kalenderblatt 12) und entschiedenen Gegner der Monarchie. In Österreich, wo der Simplicissimus von Anfang an ebenfalls erscheint, wird diese Ausgabe umgehend verboten. In Deutschland eckt die Zeitschrift erst später an, mit Heft 31 aus dem dritten Jahrgang, das im Oktober 1889 erscheint. Dessen Titelbild zeigt eine Karikatur Thomas Th. Heines, auf der anlässlich der aufwändigen Orient-Reise des Kaisers die Kreuzritter Friedrich Barbarossa und Gottfried von Bouillon zu sehen sind, während auf die Darstellung Kaiser Wilhelms II. (1859-1941) dezidiert verzichtet wird. Ein bissiges Spottgedicht Frank Wedekinds zur Kaiserreise nach Palästina tut sein Übriges: Die „Palästina-Nummer" wird konfisziert, Verleger, Zeichner und Schreiber wegen Majestätsbeleidigung angeklagt. Verleger Langen flieht und verbringt fast fünf Jahre im Exil, seine Geschäfte führt er aus der Ferne mit der Unterstützung des Mitarbeiters Korfiz Holm weiter. Heine und Wedekind müssen Haftstrafen verbüßen.

Der Volontär Holm wird zum Prokuristen und Statthalter des Verlagsinhabers: „Zu tun habe ich natürlich wie ein Affe. Aber das macht nichts. Schwer ist es nur, daß vieles davon mir so neu und ungewohnt ist. Aber man (kann) nicht genug auf der Welt kennen lernen. Und Sorgen habe ich wirklich viele in geschäftlicher Beziehung, das ist gar kein Witz sondern blutiger Ernst. Ich spüre das Gewicht der großen Verantwortung, das auf mir liegt, sehr deutlich", schreibt er am 11. März 1899 an seinen Chef. Er muss Zeichner, Autoren und Büroangestellte führen, eine neue Druckerei suchen – der Simplicissimus, dessen Redaktionsräume sich an der Kaulbachstraße 51a in München befinden, wurde zunächst im als besonders konservativ geltenden Sachsen gedruckt: „Solange wir in Leipzig sind, stehen wir immer vor der Gefahr, totgemacht zu werden. Die Herren dort können das, wenn sie sich darauf kaprizieren. Es fällt ihnen sicher nicht schwer, wenn sie wollen, uns alle, einen nach dem anderen, einzusperren", schreibt Holm am 22. März 1899. Schließlich findet er eine neue Druckerei in Stuttgart, die Redaktion ist und bleibt immer in München.

Im April 1903 kehrt auch Albert Langen nach München zurück und profitiert letztendlich von Zensur und Prozess, die den Simplicissimus in die Schlagzeilen bringen und die Auflage von weniger als 20.000 auf fast 100.000 Exemplare ansteigen lassen. Langen scheint Gefallen an ungewöhnlichen Werbemaßnahme zu finden. Immer wieder werden Strafanzeigen provoziert und Prozesse als publikumswirksame

Markus Grolik vor dem Haus in der Kaulbachstraße 51a: An dieser Adresse befanden sich die Redaktionsräume der Satirezeitschrift.

Spektakel inszeniert. Ein bis heute übliches Vorgehen: „Ich bin überzeugt, dass von Satirezeitschriften Klagen gelegentlich kalkuliert zu Publizitätszwecken eingesetzt werden", sagt Markus Grolik.

Manchmal lässt der Simplicissimus aus heutiger Sicht allerdings Meinung vermissen: Im Ersten Weltkrieg (1914-1918) wird aus Opposition Opportunismus. „Gerade jetzt brauche Deutschland ein international so angesehenes Blatt wie den Simpl, um im In- und Ausland die Kriegsführung zu unterstützen", habe Heine gesagt, schreibt der spätere Chefredakteur Hermann Sinsheimer. Während der Weimarer Republik (1918-1933) findet die Zeitschrift zurück zu kritischer Haltung, die sie bis in die 30er-Jahre aufrechterhält: Einige der schärfsten Hitler-Karikaturen erscheinen im Simplicissimus. Doch 1933 wird das Magazin von den Nationalsozialisten gleichgeschaltet. Brav und harmlos kommt das Blatt daher, nachdem die Teilhaber der GmbH eine Erklärung unterschrieben haben, es „künftig in streng nationalem Geiste" zu führen. Politische Unverfänglichkeit ist jetzt das Maß der Dinge, doch auch das rettet die Zeitschrift nicht. Simplicissimus-Experte Hans Zimmermann notiert: „Im September 1944 geht er an banalem Papiermangel zugrunde, er hat keine Gegner mehr, denen dieser Tod zum Triumph hätte gereichen können."

> **Ein Blick in die Welt...**
> **... vom 4. April**
>
> Am 4. April 1975 gründen Bill Gates und Paul Allan ein Softwareunternehmen. Es wird später unter dem Namen Microsoft zu einem der größten Konzerne weltweit.

....
Annina Baur

15. Woche

Münchner Freiwillige beim mühsamen Schutträumen.

APR.

| 9 | 10 | ~~11~~ | 12 | 13 |
| 14 | 15 | 16 | 17 | 18 |

11. April 1946

Als die Münchner Trümmer räumten

Die kleine Lokomotive bahnt sich schnaufend und rumpelnd ihren Weg durch die Trümmerberge. Männer und Frauen, die knietief im Schutt stehen, schaufeln das, was einmal Münchens prachtvolle Wohngebäude gewesen sind, 82.000 Wohnungen in Trümmern, auf die Ladeflächen der kleinen Bahn. Zumindest die Schutteile, die man nicht mehr gebrauchen kann, alles andere wird nochmal verwendet beim Wiederaufbau nach dem Krieg. „Bockerlbahnen" werden die Züge genannt – und eingesetzt, um den Schutt hinaus an den Stadtrand zu fahren. Nach Sendling, in den Luitpoldpark und auf das Oberwiesenfeld, den heutigen Olympiapark. Doch die Züge müssen die rund fünf Millionen Kubikmeter Trümmer, die etwa sieben Millionen Tonnen wiegen, nicht allein abtransportieren. Auch professionelle Baufirmen stehen bereit, um mit anzupacken, außerdem gründen sich „Trümmerverwertungsgesellschaften", die mit schwerem Gerät, Seilzügen und Sprengungen den Millionen Kubikmetern Schutt zu Leibe rücken. Zu tun gibt es viel: Etwa 90 Prozent der Münchner Altstadt sind zerstört, neun Stadtbezirke liegen außerdem zu mehr als der Hälfte in Schutt und Asche. Auch die Straßenbahnschienen hat es hart getroffen, ebenso die Eisenbahnanlagen.

Und die Münchner Bevölkerung muss ebenfalls kräftig mithelfen: Am 11. April erfolgt, wie der Münchner Chronik zu entnehmen ist, eine Aufforderung an die Bürger: „Für den Wiederaufbau der Stadt ergeht heute ein Aufruf an die Einwohner Münchens zur freiwilligen Mitarbeit bei der Schutträumung. Politische Parteien, Behörden, Vereine und Betriebe werden zur organisierten Mitarbeit ermahnt. Ein besonderer Ruf ergeht auch an die Schuljugend höherer Klassen. Jeder Schule und jeder Klasse wird ein abgegrenztes Stück zur Arbeit zugewiesen. Ein Wettbewerb entscheidet über die besten Leistungen. (...) Eine letzte Mahnung ergeht aber an die ehemaligen Mitglieder der NSDAP, die traurige Hinterlassenschaft des Krieges mit

Pickel und Schaufel zu beseitigen." 1500 Freiwillige melden sich zum Trümmerräumen, darunter sind etwa 200 Frauen. Allerdings sollen 90 Prozent dieser Helfer selbst ehemalige Mitglieder nationalsozialistischer Organisationen gewesen sein. Auch kriegsgefangene deutsche Soldaten und NSDAP-Mitglieder, die von den amerikanischen Besatzern dazu gezwungen werden, machen sich ans Trümmerräumen.

Es geht gut voran mit den Aufräumarbeiten. Immer wieder werden Aufrufe an die Bevölkerung herausgegeben, etwa im Juli desselben Jahres an die Studenten der Stadt München, doch den Löwenanteil bewältigen die Trümmerverwertungsgesellschaften und die Kriegsgefangenen.

Die Ruinen prägen die Stadt, die Trümmer die Landschaft rings umher. Schuttberge, Schuttfelder entstehen. Auch auf dem Oberwiesenfeld, wo 26 Jahre später die Olympischen Spiele stattfinden werden. Zum ersten Mal wieder auf deutschem Boden, nachdem sie 1936 von Adolf Hitler veranstaltet und zu Propagandazwecken missbraucht worden waren. Die Freiheit sollen diese olympischen Spiele 1972 symbolisieren und das friedliche Miteinander. Doch es geschieht ganz und gar Schreckliches. Das erzählen wir in Kalenderblatt 36.

Eva-Maria Bast

> **Ein Blick in die Welt...**
> **... vom 11. April**
>
> Am 11. April 1982 geben die „Toten Hosen" im Bremer Schlachthof ihr erstes Konzert, aufgrund eines Druckfehlers werden sie aber als „Die Toten Hasen" angekündigt.

Ein Werbeplakat des Buffalo Bill.

18. April 1890

Große Aufregung um Buffalo Bill

Die ganze Stadt hängt voller Plakate. Menschentrauben drängen um die ungewöhnlich großen und ungewöhnlich farbigen Ankündigungen und betrachten das, was es darauf zu sehen gibt: ein Porträt von Buffalo Bill. Cowboys auf galoppierenden Pferden. Eine Jagdgesellschaft. All das soll es bald, nämlich ab dem 18. April, auch in München zu bestaunen geben, erfahren die Menschen, die in Scharen auf die Straße strömen. Man diskutiert, unterhält sich, ist aufgeregt.

Der Stadtchronist schreibt: „Jedes der farbigen Reklamebilder von einer Größe, wie sie in München nicht gebräuchlich, zeigt ein anderes Bild. (...) Diese originelle Reklame mit den malerisch gut ausgeführten, in die Augen fallenden Bildern verfehlt nicht, allgemeine Aufmerksamkeit zu erregen." Seit 1845 wird in München ein offizielles städtisches „Tagebuch" geführt und seither ist es Aufgabe des Chronisten, wichtige Ereignisse für die Nachwelt festzuhalten. Bis auf wenige Monate 1945/46 waren es immer Männer, aber seit 1999 bekleidet eine Frau das Chronistenamt: Dr. Brigitte Huber hält fest, was für die bayerische Landeshauptstadt wichtig ist – neben ihren vielfältigen weiteren Aufgaben im Stadtarchiv. Ein bisschen stolz ist sie schon darauf, die erste Frau in der langen Tradition der Münchner Chronisten zu sein. Sie kennt sie alle und hat zahlreiche Texte ihrer Vorgänger transkribiert und in ihrem „Tagebuch der Stadt München" veröffentlicht. So auch das, was der Chronist damals über Buffalo Bill schrieb: Am 18. April vermerkt Brigitte Hubers Vorgänger, dass „Buffalo Bills ‚Wilder Westen'" eingetroffen sei. Bei diesem „Buffalo Bill" handelt es sich um den Amerikaner William Frederick Cody (1846-1917), der den Namen Buffalo Bill erhält, weil er ein ausgesprochen erfolgreicher Bisonjäger ist. Lange Jahre arbeitet er als Kundschafter bei der US-Armee und skalpiert 1876 in einer Schlacht am Little Bighorn einen Indianer. Mit dem US-amerikanischen Journalisten Ned Buntline (1823-1886) schreibt er Theaterstücke und Groschenhefte über „Buffalo Bill". Die Werke erweisen sich als Kassen-

Dr. Brigitte Huber in der „Schatzkammer": Hier befinden sich die mittlerweile rund 700 Bände der Münchner Stadtchronik.

schlager. Cody trennt sich von Buntline und gründet die „Buffalo Bill's Wild West Show". Und im April 1890 kommt er bei seiner Europa-Tour auch nach München auf die Theresienwiese, wo Lager für die Menschen und Tiere, die in der Show mitwirken, aufgebaut werden. „Am 22. April erhielt das Lager noch hohen Besuch von Prinz Ludwig und seinen Töchtern", erzählt Dr. Brigitte Huber. „Drei Tage später kamen dann auch die Prinzen Ludwig, Leopold, Arnulf und Herzog Max Emanuel." Brigitte Hubers Vorgänger berichtet: „Prinz Leopold schoß ebenfalls auf einige der aus der Wurfmaschine geschleuderten Thontauben – so werden die kleinen Scheiben genannt – und fehlte bei keinem Schuß."
Die Hoheiten beschenken Buffalo Bill reich: Max Emanuel (1849-1893) überreicht eine „Brillantbusennadel" und Prinz Arnulf (1852-1907) und Prinzessin Therese (1850-1925) je einen Brillantring. Vielleicht in Erinnerung an diese besondere Show wird in der bayerischen Landeshauptstadt 1913 der erste Cowboy Club Deutschlands gegründet. Und der feierte 2013 seinen 100. Geburtstag. Die Faszination des Wilden Westens ist ungebrochen.

....
Eva-Maria Bast

> **Ein Blick in die Welt...**
> **... vom 18. April**
>
> Am 18. April 1506 wird durch Papst Julius II. der Grundstein für den Neubau des Petersdoms in Rom gelegt.

17. Woche

Der Finessensepperl überbringt Liebesbriefe
Stich von Joh. Mich. Voltz

Der Stich von Johann Michael Voltz zeigt, wie der Finessensepperl Liebesbriefe überbrachte.

APR.				
23	24	25	~~26~~	27
28	29	30	1	2
			MAI	

12. Jh.   13. Jh.   14. Jh.   15. Jh.   16. Jh.   17. Jh.   18. Jh.   **19. Jh.**   20. Jh.   21. Jh.

26. April 1828
Überbringer geheimer Liebesbotschaften

Einladungen zu einem heimlichen Stelldichein? Feurige Liebesschwüre? Romantische Gedichte? Was genau in den Briefen steht, die der Finessensepperl überbringt, lässt sich nur vermuten. „Das war offensichtlich geheim", sagt Klaus Huber lachend. Die Fracht ist jedenfalls hochbrisant und dürfte sehnsüchtig erwartet worden sein. Nicht überliefert ist, wie sich die Münchner Herrschaften nach dem 26. April 1828 (manche Quellen nennen auch den 26. April 1829) ihre geheimen Liebesbotschaften oder auch andere Nachrichten, die nicht in die falschen Hände gelangen dürfen, überbringen ließen. An diesem Tag stirbt Joseph Huber (1763-1828), wie der Finessensepperl mit bürgerlichem Namen heißt. Er trägt übrigens nur zufällig den gleichen Nachnamen wie der Experte vom Historischen Arbeitskreis Sendling.

Zu Lebzeiten vom Finessensepperl jedenfalls kommen die Liebesbriefe aus einem Korb mit doppeltem Boden – das untere Fach ist für die Post bestimmt, das obere für das Essen, das der Postbote neben ein paar Kreuzern als Lohn für seine Botengänge bekommt. Das ist einfach, aber genial, soll er doch einmal, als er beim Überbringen einer geheimen Botschaft erwischt wurde, erwidert haben: „Koan Liabesbriaf hob i ned, san grod Radi, do muass i scho bittn sehr um Gnad, do kinna 's no an Kreiza segn. Mehra bring i ned mit - Radi zwegn!" Diskretion ist in der Branche

Klaus Huber vor dem Pathologischen Institut, wo er auf das Skelett seines Namensvetters, Joseph Huber, aufmerksam wurde.

oberstes Gebot. Dabei dürfte Joseph Huber seine äußere Gestalt zupass kommen: Er gilt als zwergenwüchsig, aber wohlproportioniert.

Die Geschäfte laufen gut: „Es gab damals noch keine Post und schon gar kein Briefgeheimnis", erklärt Klaus Huber. Briefe, die bestimmt den Empfänger erreichen sollen, werden dem Finessensepperl übergeben, der sie persönlich und verschwiegen zustellt. Ein Augenzeuge beschreibt den Mann, dessen Markenzeichen eine helmartige Tuchhaube ist, so: „Finessensepperl war der postillon d'amour Münchens. Er hatte in allen Häusern Zutritt; er war schlau und schien das Gegenteil zu sein: er konnte nicht lesen und schreiben und verstand sich doch darin."

So soll schon sein Gesichtsausdruck bewirkt haben, dass er oft das Zehnfache des verlangten Portos und noch ein Essen obendrein bekam. „Finessensepperl bettelte nicht; allein seine Miene drückte hinlänglich aus, was er nicht sagte, und reichlich flossen ihm die Gaben zu", berichtet der Augenzeuge, der Joseph Huber bis in die 1820er-Jahre als populärsten Mann Münchens bezeichnet, den jeder kennt – vom König bis zum Bettler.

Bis heute leben die witzigen Aussprüche des Finessensepperls fort, allen voran „Nix Gwiß woaß ma net!", mit dem er gewöhnlich auf allzu neugierige Fragen antwortete. Und auch seine sterblichen Überreste sind erhalten: Das Grab befindet sich auf dem Alten Südlichen Friedhof. Direkt gegenüber, an der Thalkirchner Straße, liegt das Pathologische Institut, in dem sein Skelett aufbewahrt wird, das nicht nur seiner geringen Größe wegen auffällt: Joseph Huber maß gerade einmal 150 Zentimeter, dafür hatte der Postillon d'Amour eine Rippe mehr als andere Menschen! Wie der besondere Postbote aussah, kann übrigens in der Stadt besichtigt werden. Eine Darstellung findet sich zum Beispiel am Haupttorbogen des Karlstors.

Annina Baur

Ein Blick in die Welt...
... vom 26. April

Am 26. April 1994 beginnen in Südafrika die ersten freien Wahlen nach dem Ende des Apartheid-Regimes.

Eine Ansicht des Viktualienmarkts aus dem Jahr 1858.

02. Mai 1807

Vom Heiliggeistspital zum Wochenmarkt

Dunkelviolette Auberginen leuchten mit roten Paprikaschoten um die Wette. Der Knoblauchduft eingelegter Oliven wechselt ab mit dem Geruch von frischgebackenem Leberkäs: Der Viktualienmarkt ist ein Erlebnis für alle Sinne. Doch er war nicht immer ein Handelsplatz, denn jahrhundertelang stand dort das Heiliggeistspital, die älteste Wohltätigkeitsstiftung der Stadt, zu der neben dem Spital, in dem Kranke, Arme und Gebrechliche Hilfe fanden, auch ein Haus für alleinstehende Frauen und eine Art Alterssitz für Bürger gehörten. Erst seit 1807 werden dort Lebensmittel verkauft. König Max I. Joseph (1756-1825) verfügt am 2. Mai (manche Quellen nennen auch den 10. März), den Markt in das Gebiet zwischen Heilig-Geist-Kirche und Frauenstraße zu verlegen.

„Zuvor war der Markt auf dem heutigen Marienplatz, der damals noch Schrannenplatz hieß. Das war die damalige Bezeichnung für Getreidemarkt", erzählt Kerstin Dufner, Veranstaltungsmanagerin und Stadtführerin. Vermutlich wurde dort schon im 12. Jahrhundert mit Lebensmitteln gehandelt. Im Stadtrecht des Jahres 1365 wird der Standort des Wochenmarkts beschrieben, der zunächst immer dienstags und mittwochs stattfand: An der Ecke Altes Rathaus und Burgstraße werden „Schmalz, Käse, Hühner, Eier, Fische und alles kleines Gewächs und Wildbret", aber auch Seifen und Besen verkauft. „Von 1572 an hieß der Markt Eier- und Kräutlmarkt", so die Stadtführerin. Doch der Schrannenplatz wird zu klein für die immer zahlreicher werdenden Händler, die die wachsende Bevölkerung mit Lebensmitteln versorgen. Mit dem Umzug in den Hof des Heiliggeistspitals bekam der Markt seinen heutigen Namen: Viktualien leitet sich vom lateinischen Wort *victus* ab, was Vorräte oder Lebensmittel bedeutet. „Es galt als schick, deutsche Namen zu latinisieren", erklärt Dufner.

Kerstin Dufner auf dem Viktualienmarkt.

Um Raum für die Händler und ihre Stände zu schaffen, werden Gebäude abgerissen, zunächst Wohnhäuser der Kleriker, später auch die Wirtschaftsgebäude des ehemaligen Spitals sowie das Zuchthaus. Kirche, Heiliggeistspital und Marktleute vertragen sich in den ersten Jahren nur bedingt: „So bildete sich die Sitte aus, daß die Köchinnen mit ihren hochbepackten Marktkörben zu Hunderten durch die Heiliggeistkirche marschierten, und es soll einmal ein als Schlachtopfer gekaufter Gockel seinem Korbe entkommen und auf einen Altar geflogen sein, wo gerade ein Priester die Heilige Messe feierte", berichtet ein Augenzeuge. 1823 wird folgerichtig das Spital verlegt und schließlich werden alle Gebäude außer der Heiliggeistkirche abgerissen, um den Warenplatz zu vergrößern.

Feste Verkaufsstände gibt es seit 1870, zuvor wies der Marktinspektor den Verkäufern ihre Plätze nach dem Zeitpunkt ihrer Ankunft zu. Er kontrollierte auch die Einhaltung der Marktordnung: „Ein Bäcker, der seine Brötchen mit Sägemehl streckte oder zu kleines Backwerk herstellte, wurde an der sogenannten Bäckerschnelle in einer Art Käfig zur Strafe ins Wasser getunkt", nennt die Stadtführerin ein Beispiel und ergänzt: „Der Markt blieb lange in seiner ursprünglichen Form." Im Zweiten Weltkrieg zerstört, wird er rekonstruiert und wiederaufgebaut. Sein Gesicht verändert er in den 50er-Jahren: Exotische Früchte und Feinkost aus aller Welt werden nun neben heimischen Produkten angeboten, Biergarten und Imbissbuden entstehen. Der Viktualienmarkt hat sich zu einem Anziehungspunkt für Touristen entwickelt. Früher war das anders: Auf dem Viktualienmarkt versorgte man sich mit allen Dingen des täglichen Bedarfs. Dabei war genau geregelt, wer wann einkaufen durfte: „Ein Glockenschlag signalisierte, ab wann auch die Zugereisten auf den Markt durften", erzählt Kerstin Dufner. „Zuerst waren die Münchner dran!"

> **Ein Blick in die Welt...**
> **... vom 2. Mai**
>
> Am 2. Mai 1874 wird der Schriftsteller Karl May aus dem Zuchthaus entlassen, nachdem er eine Haftstrafe wegen Landstreicherei verbüßt hat.

Annina Baur

10. Mai 1933

Worte der Freiheit stehen in Flammen

Die Fackeln wollen nicht gut brennen in jener Nacht. Der Scheiterhaufen auch nicht. Als wolle der Himmel, von dem starker Regen herabprasselt, verhindern, was diese Studenten vorhaben. Allein, abhalten lassen sie sich nicht, die Mitglieder des Nationalsozialistischen Studentenbundes. Sie haben ja auch noch die Feuerwehr, die kräftig dazu beiträgt, dass sie glücken kann, diese „Aktion gegen den undeutschen Geist". Wie in vielen anderen Städten brennen auch in München in dieser Nacht Bücher „verfemter Schriftsteller". Schon kurz nach der Machtergreifung durch die Nationalsozialisten habe man angefangen, systematisch jüdische, marxistische, pazifistische, oppositionelle und politisch unliebsame Schriftsteller zu verfolgen, sagt Literaturwissenschaftlerin Claudia Raith. „Es wurde davon berichtet, dass es in München einen riesigen Fackelmarsch gegeben habe und dass Tausende an der Bücherverbrennung teilnahmen. Man weiß aber, dass es in dieser Nacht stark geregnet hat, deshalb wird es wahrscheinlich so gewesen sein, dass nicht ganz so viele Leute dabei waren, wie man es gern gehabt hätte."

Claudia Raith mit ihren Schätzen: Viele ihrer Lieblingsbücher sind jene, die 1933 im Feuer landeten.

Bevor die Studenten zum Fackelumzug aufbrechen, findet, wie in der Chronik der Stadt München vermerkt ist, um 19.45 Uhr eine „Akademische Feier der NS-Revolution in der Universität" statt. Auch die Direktoren seien dabei gewesen, sagt Claudia Raith, „also Geh. Rat

Prof. Dr. Leo Ritter von Zumbusch und Prof. Dr. Richard Schachner und der Bayerische Kultusminister Hans Schemm." Sie sprechen zu den Studenten der Technischen Universität (TU) und der Ludwig-Maximilians-Universität (LMU). Um 22.30 Uhr beginnt der Fackelzug „der gesamten Studentenschaft vorbei an der mit einer roten Flammenkette geschmückten Feldherrenhalle zur öffentlichen Feier auf dem mit Flaggen und girlandenbekränzten Pylonen festlich ausgestatteten Königsplatz". Dort findet die Bücherverbrennung statt. Die Schriftsteller, deren Werke auf den Scheiterhaufen landen, heißen zum Beispiel Heinrich Mann, Thomas Mann, Kurt Tucholsky, Sigmund Freud, Albert Einstein und Erich Kästner. Einer, dessen Werke nicht verbrannt werden, ist Oskar Maria Graf. „Und der hat sich daraufhin so geärgert, weil er natürlich auch gegen die Nazis war und die Nichtbeachtung seiner Bücher bei der Verbrennung undeutschen Schrifttums entsetzlich fand, dass er sich mit einem wütenden Appell an die Münchner Zeitung gewandt hat mit dem Aufruf: Verbrennt mich!", erzählt Claudia Raith. Er schrieb „(...) alle meine Bücher, mit Ausnahme meines Hauptwerkes (...) werden empfohlen. Ich bin also dazu berufen, einer der Exponenten des ‚neuen' deutschen Geistes zu sein! Vergebens frage ich mich: Womit habe ich diese Schmach verdient?" Otto Maria Graf erreicht, was er will: „1934 gab es aufgrund dieses Artikels eine eigene Bücherverbrennung für seine Werke im Innenhof der LMU." Er schreibt: „Nach meinem ganzen Leben und nach meinem ganzen Schreiben habe ich das Recht, zu verlangen, daß meine Bücher der reißenden Flamme des Scheiterhaufens überantwortet werden und nicht in die blutigen Hände und die verdorbenen Hirne der braunen Mordbanden gelangen."

Ein Blick in die Welt...
... vom 10. Mai

Am 10. Mai 1940 greift Nazideutschland im Zweiten Weltkrieg Frankreich sowie die neutralen Länder Holland und Belgien an.

Eva-Maria Bast

20. Woche

Das Künstlertheater existiert nicht mehr. Einen Eindruck vom Inneren des Gebäudes gibt dieser Querschnitt des Deutschen Theatermuseums.

MAI				
14	15	16	~~17~~	18
19	20	21	22	23

17. Mai 1908

Ein Theater-Experiment

„Nicht nur einem Siege Münchens, sondern einem Siege der gestaltenden, der formenden Kraft der Zeit haben wir (...) beigewohnt", ist am 19. Mai 1908 in den Münchner Neuesten Nachrichten zu lesen. Es ist das Fazit einer Kritik der Aufführung von Faust I am 17. Mai 1908 anlässlich der Eröffnung des Künstlertheaters auf der Theresienhöhe. Die Aufführung wurde mit Spannung erwartet, ist dem Text zu entnehmen: „Die große Bedeutung der gestrigen Faustpremiere lag darin, daß sie klarzustellen hatte, ob sich das Prinzip, auf welches das neue Theater gegründet ist, bewahrt hat oder nicht. (...) Aber an diesem ersten Abend handelte es sich rein um das Prinzip, und man konnte den Dingen, die da kommen sollten, wohl mit dem Gefühl entgegensehen, Augen- und Ohrenzeuge eines wichtigen Abschnittes in der Geschichte des Theaterwesens zu sein."

Nicht weniger als eine ganz neue Form des Theaters will das Künstlertheater sein: „Theaterreformerische Gedanken spiegeln sich im Bau wider", erklärt Dr. Claudia Blank, Direktorin des Deutschen Theatermuseums. Orientiert an den Gedanken aus Georg Fuchs' „Schaubühne der Zukunft" leitet sich nicht nur die amphitheatralische Anordnung der Plätze ab, in der alle Zuschauer auf ansteigenden Sitzreihen einen möglichst gleich guten Blick auf das Bühnengeschehen haben, sondern auch die sogenannte „Reliefbühne", die in ihrer Art einzigartig ist und bleibt: „Diese Bühne hatte eine sehr geringe Tiefe", erläutert Blank die Besonderheit. „Die bildenden Künstler um Fritz Erler, Adolf Hengeler und Julius Dietz versuchten auf diese Weise, Grafik und Malerei des Jugendstils auf die Bühne zu übertragen und eine flächenhafte Wirkung ähnlich der von Gemälden zu erzielen." Dazu gehöre auch die Nähe der Bühne zum Publikum: „Fuchs verstand Theatervorstellungen als Feste des Lebens. Die Zuschauer sind die Festgemeinde."

Claudia Blank ist Direktorin des Deutschen Theatermuseums und kennt die Geschichte der Münchner Spielstätten.

Dem Kritiker der Zeitung nach gelingt das Experiment: „Bewiesen ist, daß man die Szene mit Hilfe der Farbe, des Lichtes und guter künstlerischer Disposition klarer und sprechender charakterisiert als mit buchstäblich und wörtlich wirkenden Kulissen, Requisiten und Raummaßen." Ausstrahlen will man in alle Welt: „Denn das Künstlertheater muss auftreten mit dem Anspruch, alle Kräfte und Strebungen der Nation, des Südens wie des Nordens, zusammengefasst und seiner Sache dienstbar gemacht zu haben. Es ist Angelegenheit des ganzen Volkes, und man kann weiter gehen und sagen: Es ist Angelegenheit des gesamten räumlich-zeitlichen Ganzen, dem wir als Geistesmenschen angehören."

Nichtsdestotrotz ist dem Künstlertheater kein langes Bestehen vergönnt: „Am 15. Oktober wird das Theater vorübergehend geschlossen, von 1909 bis 1910 dann an den Berliner Regisseur Max Reinhardt verpachtet", berichtet die Theaterkennerin. Danach sei es still geworden um das vom Architekten Max Littmann (1862-1931) errichtete Theater. „In den 20er-Jahren wurde das Gebäude gelegentlich als Kino genutzt und 1944 im Zweiten Weltkrieg zerstört." Als Grund für den mäßigen Erfolg vermutet Claudia Blank die „Reliefbühne", die offenbar weniger gut ankommt, als die erste überschwängliche Kritik vermuten lässt. Was aus dem Theater-Experiment bleibt, ist die räumliche Nähe von Darstellern und Publikum, die zum Beispiel auch im Neuen Schauspielhaus (heute Kammerspiele) von Littmann baulich realisiert worden ist und so die richtige Atmosphäre für die Aufführung intimer Dramen schuf, die im 20. Jahrhundert die Spielpläne eroberten.

Annina Baur

> **Ein Blick in die Welt...**
> **... vom 17. Mai**
>
> Am 17. Mai 1861 organisiert Thomas Cook die erste Pauschalreise mit Verpflegung und Unterkunft. Mit Schiff und Bahn geht es für englische Arbeiter nach Paris.

21. Woche

Frühjahrsrennen auf Oberwiesenfeld.
Originalzeichnung von F. Bauer.

Die illustre Gesellschaft putzte sich heraus, wenn sie zum Pferderennen ging, hier die Abbildung eines Frühjahrsrennen auf dem Oberwiesenfeld.

MAI

| 21 | 22 | 23 | 24 | 25 |
| ~~26~~ | 27 | 28 | 29 | 30 |

12. Jh.   13. Jh.   14. Jh.   15. Jh.   16. Jh.   17. Jh.   18. Jh.   19. Jh.   20. Jh.   21. Jh.

26. Mai 1889
Die illustre Gesellschaft pilgert nach Laim

Kraftvoll und pfeilschnell fliegen die Pferde über die Rennbahn. Auf der Tribüne verfolgen Herren in Uniform und Zylinder und Damen mit Hut und Sonntagskleid gebannt das Geschehen. Welcher Renner wird als erster die Ziellinie überqueren? 2400 Meter lang ist die Strecke beim Eröffnungsrennen des Turniers am 26. Mai 1889. 1000 Mark gibt es für den Gewinner des „Jokey-Flach-Rennens", ist den Propositionen des Münchner Rennvereins zu entnehmen. Fünf Rennen stehen an diesem Tag auf dem Programm: Beim „Bavaria-Steeple-chase", einem Rennen über 2500 Meter mit acht Hindernissen, starten „seit zwei Monaten nicht in Trainers Hand gewesene Pferde, im Besitze und geritten von bayerischen Offizieren der aktiven Armee und des Beurlaubtenstandes", heißt es in diesen Propositionen. Es folgen ein „Rennen für bayerische Hengste und Stuten", ein Hürden-Rennen für Pferde, die noch kein Rennen gewonnen haben, sowie ein „Steeple-chase" über 4000 Meter mit 12 Hindernissen „für Pferde aller Länder".

Es dürfte eines der ersten Pferderennen sein, die in Laim ausgetragen wurden. „Kaum jemand weiß, dass es im 19. Jahrhundert im Stadtbezirk eine Rennbahn gab", sagt Norbert Winkler, Gründer des Historischen Archivs Laim. „Die Anlage wurde Ende der 1880er-Jahre eröffnet." Bis dato ist der Pferderennsport dem Militär vorbehalten, erste Wettkämpfe werden auf der Milbertshofener Heide ausgetragen, dem

Norbert Winkler an der Ecke Fürstenrieder Straße/Aindorferstraße: Wo heute Wohnhäuser stehen, befand sich die Tribüne der Pferderennbahn.

Gelände des heutigen Olympiaparks. „Auf Anregung von Chlodwig Fürst zu Hohenlohe-Schillingsfürst sowie des Grafen Gustav zu Castell und Heinrich zu Papenheim fand dort am 9. Mai 1865 ein Flach- und Jagdrennen statt", berichtet der Stadtkenner. „Die Begeisterung war so groß, dass noch im gleichen Jahr der Münchner Rennverein gegründet wurde." Innerhalb von fünf Jahren wächst der Verein auf 448 Mitglieder und muss sich nach einem anderen Gelände umsehen: „Das militärische Übungsgelände konnte nicht länger für private Pferderennen genutzt werden", erklärt Winkler. Trab- und Galopprennen stehen bei Adligen hoch im Kurs und dienen der Unterhaltung und gesellschaftlichen Zwecken: Zu diesen Anlässen kommt, was in München Rang und Namen hat. Die Herrschaften spenden Ehren- und Geldpreise, in den Propositionen des Rennens am 26. und 27. Mai 1889 sind als Spender unter anderem Hoheit Prinzessin Gisela von Bayern, Sr. Exzellenz der Herr Kriegsminister und Sr. K.H. der Prinz-Regent genannt.

Von 1888 an pilgert die illustre Gesellschaft nach Laim: In diesem Jahr kann der Rennverein von zwei privaten Unternehmern eine Rennbahn pachten, diese befindet sich zwischen der heutigen Fürstenrieder Straße, der Friedenheimer Straße, der Hogenbergstraße und dem Kärntner Platz. Rund um die mehrstöckigen Wohnhäuser erinnert nichts mehr an die glanzvolle Zeit der Trab- und Galopprennen, die allerdings auch nicht lange dauerte. „Mit der Eröffnung des Rangierbahnhofs 1893 explodierten die Grundstückspreise und damit auch die Mieten in Laim. Der Rennverein konnte sich die steigenden Pachtkosten für das Gelände nicht mehr leisten", sagt Winkler. Nach nur zehn Jahren wird die Anlage geschlossen und zieht nach Riem, wo bis heute Pferderennen stattfinden.

Annina Baur

Ein Blick in die Welt...
... vom 26. Mai

Am 26. Mai 1828 taucht Kaspar Hauser in Nürnberg auf. Sein Fall als „rätselhafter Findling", der laut eigener Aussage jahrelang bei Brot und Wasser gefangen gehalten worden war, sorgt für internationales Aufsehen.

22. Woche

Münchens erste protestantische Pfarrkirche in der Sonnenstraße am Karlsplatz.

MAI				JUN.
28	29	30	31	1
~~2~~	3	4	5	6

02. Juni 1799

Protestanten als „ganz neue Erscheinung"

Die junge badische Prinzessin Karoline (1776-1841) lässt es sich schriftlich geben: Wenn sie Herzog Max Joseph von Zweibrücken (1756-1825), der später erster bayerischer König werden sollte, heiratet, will sie ihre Religion frei ausüben dürfen. Im Ehevertrag von 1797 heißt es wörtlich, sie werde „als künftige Gemahlin je und allezeit die vollkommenste Gewissen-

Freyheit genießen; und solle zu keiner Zeit, an keinem Ort und unter keinerley Umständen in der Übung der protestantischen Religion, zu der Sie sich bekennt, eingeschränkt und verhindert werden." Für den Leiter des Münchner Stadtarchivs, Dr. Michael Stephan, ist aber eine weitere Passage von großer Bedeutung. „Sie ist für den Wandel und die Entstehung einer ersten protestantischen Gemeinde nach ihrem Umzug nach München 1799 so entscheidend", sagt er und zitiert: „Zu solchem Ende stehet Ihr frey, einen Cabinets-Prediger Ihrer Religion, sowie auch protestantische Hofdamen, Cammerfrauen, Garderobe-Mädchen, Cammer-Laquayen und sonstige Bedienten, welche der Durchleuchtigste Bräutigam zu tolerieren und zu unterhalten verspricht, zu erwählen und anzunehmen; nur mit der Bedingung, daß die Wahl immer auf solche Personen falle, welche dem Herrn Bräutigam nicht unangenehm sind." Und darüber hinaus wird die „Durchleuchtigste Braut" in dem Ehevertrag dazu befugt, „sich einen protestantischen, dem Durchleuchtigsten Bräutigam nicht unangenehmen Rath aus Höchstdesselben Dienerschaft auszuwählen. (...) Sollte der Durchleuchtigste Herr Bräutigam Seine Residenz auf kurz oder lang in einem ganz katholischen Ort aufschlagen, so wird der Durchleuchtigsten Braut zu Ihrem eigenen und Ihrer protestantischen Dienerschaft Privat-Gottesdienst ein besonderes Zimmer in der fürstlichen Wohnung angewiesen." Zwei Jahre nach der Hochzeit, berichtet Michael Stephan, im Februar 1799, tritt das Ehepaar das Erbe im Kurfürstentum Pfalz-Bayern an und damit passiert das, was ja schon im Ehevertrag geregelt ist: Sie schlagen ihre Residenz in dem „ganz katholischen Ort" München auf. Der Kabinettsprediger, der Karoline im Ehevertrag zugesichert wurde, kommt am 1. Mai in die Residenzstadt: Es ist Pfarrer Ludwig Friedrich Schmidt (1764-1857). Michael Stephan hat dessen Lebenserinnerungen herausgesucht. Darin schreibt Schmidt: „In München waren Protestanten zur Zeit meiner Ankunft eine ganz neue Erscheinung. Die meisten Einwohner hatten in ihrem Leben keinen gesehen, und glaubten, sie müssten ganz anders aussehen als andere Leute, darum war die Furcht vor diesen gefährlichen Ketzern und ihr bigotter Intolerantismus sehr begreiflich."

Auf Schloss Nymphenburg wird der Betsaal eingerichtet, „und ich begann" – schreibt Schmidt – „meine kirchlichen Funktionen am

Pfingstfeste, 2. Sonntag nach Dreieinigkeit 1799", also am 2. Juni. Die zu Beginn noch recht kleine Gemeinde habe in erster Linie aus der Hofdienerschaft der Kurfürstin sowie einigen Hofbediensteten und Staatsbeamten, die mit dem Kurfürsten aus der Pfalz gekommen waren, sowie einigen protestantischen Offizieren bestanden, beschreibt Stephan die Anfänge des protestantischen Lebens in München. Insgesamt seien es nicht mehr als 150 Personen gewesen. Schon im ersten Jahr nach seiner Ankunft sei es Schmidt gelungen, „seine Kompetenzen als Hofprediger zu erweitern", wie Dr. Stephan sagt: „In einem Reskript vom 24. Januar 1800 wurde allen Münchner Protestanten erlaubt, an den eigentlich privaten Hofgottesdiensten in Nymphenburg teilzunehmen." In Schmidts Erinnerungen hat er nachgelesen, dass es auch Katholiken „nicht verwehrt" war, den Gottesdienst zu besuchen, „vielmehr sah es die Regierung gerne, wenn dadurch der altbayerische Obskurantismus etwas vermindert und liberalen Ansichten Eingang verschafft werden konnte".

An der evangelischen Hofkirche in der Münchner Residenz wird eifrig gebaut, am 6. April, am Palmsonntag 1800, wird sie eingeweiht. „Schmidts Sprengel beschränkte sich nicht nur auf das Stadtgebiet von München, sondern reichte auch in die nähere und weitere Umgebung der Stadt", führt der Stadtarchivar aus.

Dr. Michael Stephan vor der evangelisch-lutherischen Pfarrkirche St. Matthäus am Sendlinger-Tor-Platz. Sie wurde als Nachfolgebau der Matthäuskirche aus dem Jahr 1833, der ersten evangelischen Kirche in München, gebaut.

„Als mit dem Religionsedikt vom 10. Januar 1803 die Bildung von protestantischen Kirchengemeinden auf lokaler Ebene ermöglicht wurde, entstanden bereits 1804 in den von Pfälzer Kolonisten gegründeten und nach dem Kurfürstenpaar benannten Orten

Untermaxfeld und Großkarolinenfeld Pfarreien. Die durch Mediatisierung und Säkularisation seit 1803 in Bayern bewirkten Bevölkerungsveränderungen wirkten sich in der Hauptstadt erst langsam aus", erklärt der Stadtarchivar die Hintergründe.

> **Ein Blick in die Welt...**
> **... vom 2. Juni**
>
> Am 2. Juni 1953 wird Königin Elisabeth II. von Großbritannien und Nordirland in London in der Westminster Abbey gekrönt.

Das Jahr 1806 bringt nicht nur die Erhebung Bayerns zum Königreich und macht Max Joseph und Karoline zu König und Königin, es bringt auch die Einrichtung der ersten protestantischen Pfarrei in München. Am 6. Juli 1806 notiert Pfarrer Schmidt im Kirchenbuch, was sich am Vortag ereignet hat: „Durch ein königl(iches) Reskript d(e) d(ato) München, den 5. Julius 1806 wird die hiesige Evangelische Gemeinde zur Pfarrei erklärt, der Nexus mit der katholischen Pfarrei aufgelöst, den Protestanten öffentliche, freie Religionsübung gestattet und dem Evangel(ischen) Pfarrer die Führung eigener Kirchenbücher befohlen."

Gut 19 Jahre später, am 13. Oktober 1825, stirbt König Max I. Joseph. Sein Sohn aus erster Ehe, Ludwig I. (1786–1868), kann seine Stiefmutter nicht leiden und schickt sie samt ihrem Kabinettsprediger auf ihren Witwensitz. Schmidt zählte die letzten gemeinsamen Jahre bis zum Tod von Karoline im Jahr 1841 „zu den schönsten und glücklichsten meines Lebens", zitiert Dr. Stephan aus den Erinnerungen des Pfarrers. Als er am 13. November 1841 an ihrem Grab spricht, bezeichnet er das als „das schwerste Geschäft während meines ganzen Lebens". Zu diesem Begräbnis gibt es „skandalöse Begleitumstände", wie Stephan feststellt: „Das Begräbnis wurde zum deutlich sichtbaren Symbol für das verschlechterte Klima zwischen Katholiken und Protestanten seit dem Regierungsantritt von König Ludwig I., der – obwohl selbst mit einer Protestantin verheiratet und nun selbst protestantischer oberster Bischof – eine romantisch verbrämte Rekatholisierung Bayerns betrieb." Seinem 1837 ernannten Innenminister Karl von Abel habe er „ziemlich freie Hand bei seiner ultramontanen Politik" gelassen, also einem romtreuen politischen Katholizismus. „Der Ablauf des Beerdigungszeremoniells für Karoline ging wohl auch auf Anweisungen Abels zurück. Nach Aufbahrung und Traueransprache folgte der Trauerzug zur Theatinerkirche, dort sollte sie ihre letzte Ruhe an der Seite ihres Mannes finden", schildert Stephan. „Dem Trauerzug wurde jedoch auf Anweisung des Erzbischöflichen Ordinariats das Kirchenportal nicht geöffnet, sodass die Aussegnung durch die evangelische Geistlichkeit auf einer Estrade davor abgehalten werden musste. Dann übernahm der in Zivilkleidung erschienene Hofklerus den Sarg und geleitete ihn ohne jede Feierlichkeit zur Gruft." Zahlreiche Beschwerden über diese würdelose Bestattung seiner Stiefmutter erreichen den bayerischen König, „allen voran von Karolines Schwiegersohn, dem protestantischen König Friedrich Wilhelm IV. von Preußen, der seit 1823 mit Carolines Tochter Elisabeth verheiratet war", erzählt der Stadtarchivar. Auch seine protestantische Gattin Therese macht ihm Vorwürfe, ebenso wie sein Sohn Max, der ein Jahr später mit der protestantischen Prinzessin Marie von Preußen die dritte konfessionelle Mischehe im bayerischen Königshaus eingehen wird.

Und offenbar sieht der König ein, dass das zu weit führte: Am 3. Dezember 1841 schickt er ein Schreiben an Minister Abel: „Es ist Zeit, dass die Übertreibungen aufhören. Eine jede trägt den Keim des Todes in sich. Wird übertrieben, so wird das Gute zumeist mit dem Übertriebenen gestürzt. Dies soll beherzigt, christliche Liebe nicht beiseite gesetzt, im Geiste Sailers, des echt Apostolischen, gehandelt werden. Dies ist kein Privatbrief, sondern bei den Akten soll dieses Schreiben aufbewahrt und nach ihm gehandelt werden."

Eva-Maria Bast

Beliebt und bekannt: Karl Valentin.

04. Juni 1882

Von der Tragik in der Komik

Am 4. Juni 1882 trägt sich in der Unteren Isargasse 45, der heutigen Zeppelinstraße 41, etwas Besonderes zu: Ein kleiner Junge wird geboren. Nun ist die Geburt eines Menschen immer etwas Besonderes – andererseits ein Ereignis, das jeden Tag weltweit rund 380.000 Mal vorkommt. Der Mensch, der an diesem Tag in der Unteren Isargasse das Licht der Welt erblickt, wird seinen Artgenossen später viele spaßige Momente bescheren: Es handelt sich um Valentin Ludwig Fey, später erlangt er als Komiker Karl Valentin Berühmtheit.

Der kleine Karl besucht von 1888 bis 1896 die Volksschule, die er später „Zuchthaus" nennen wird, anschließend macht er eine Schreinerlehre. „1899 trat er erstmals als Vereinshumorist auf und begann ein Verhältnis mit dem Dienstmädchen der Familie Fey, Gisela Royes", erzählt Gästeführerin Rita Hegmann, die eine begeisterte Valentin-Anhängerin ist, weil er für sie einfach ein Stück München verkörpert. Das Paar bekommt zwei Töchter und heiratet 1911, also nach der Geburt der Mädchen. 1902 tritt er erstmals als „Karl Valentin" auf. Im gleichen Jahr stirbt sein Vater und Karl übernimmt mit seiner Mutter die Speditionsfirma Falk & Fey, die allerdings vier Jahre später pleitegeht. Nach einer erfolglosen Tournee kehrt er 1908 nach München zurück und wird an der Volkssängerbühne im „Frankfurter Hof" engagiert. 1911, ausgerechnet im Jahr seiner Hochzeit, trifft er Elisabeth Wellano (1892-1960), besser bekannt als Liesl Karlstadt (siehe Kalenderblatt 30), die nicht nur seine spätere Bühnenpartnerin, sondern auch seine Geliebte werden wird. Ein Jahr später eröffnet er ein Filmstudio, zwischen 1912 und 1929 dreht er zahlreiche Kurzfilme. An die Front muss Karl Valentin aus gesundheitlichen Gründen nicht, tritt aber in Lazaretten auf.

Rita Hegmann liebt den Karl-Valentin-Brunnen auf dem Viktualienmarkt.

In den 1920er-Jahren folgen Gastspiele, 1926 soll er sogar ein Angebot aus Hollywood erhalten, dies aber aus Angst vor der Überfahrt abgelehnt haben. Valentin macht sich nicht zuletzt durch seine Eigenwilligkeit einen Namen: Als er 1931 ein Theater in der Leopoldstraße eröffnet, ist das nicht von langer Dauer: „Er bestand auf einer brennenden Zigarette als Requisite, was die Feuerwehr gar nicht lustig fand", erzählt Rita Hegmann. Auch mit seinem „Panoptikum für Nonsens", das er 1934 eröffnet, will es nicht klappen, nach zwei Monaten muss er wieder schließen. Ein Jahr später versucht er sich mit einer Neueröffnung: Doch wieder muss geschlossen werden, er macht Schulden, setzt auch Liesl Karlstadts Ersparnisse ein, die daraufhin einen Nervenzusammenbruch erleidet und einen Selbstmordversuch begeht. „Die Zusammenarbeit war damit für eine lange Zeit beendet", sagt die Stadtführerin. Dem Nationalsozialismus steht Valentin zwar skeptisch gegenüber, mit politischen Äußerungen hält er sich jedoch zurück. Von sich reden machen aber seine Bühnenworte: „Heil..., heil..., heil...! Ja, wie heißt er denn nur – ich kann mir einfach den Namen nicht merken." Oder: „Wie gut ist es doch, dass der Führer nicht Kräuter heißt!"

> **Ein Blick in die Welt...**
> **... vom 4. Juni**
>
> Am 4. Juni 1919 verabschiedet der US-Senat den 19. Zusatzartikel zur Verfassung der Vereinigten Staaten. Mit dessen Inkrafttreten am 18. August 1920 erhalten Frauen in den USA das Wahlrecht.

„Ab 1939 hat er dann noch mal eine jüngere Bühnenpartnerin und Geliebte gehabt, die Annemarie Fischer, die war 25 Jahre jünger als er", erzählt die Münchnerin. 1941 zieht Karl Valentin mit der Familie nach Planegg, bis 1947 tritt er nicht auf, fertigt Haushaltsartikel an und schreibt. 1947 besteigt er an der Seite Liesl Karlstadts noch einmal die Bretter, die die Welt bedeuten, im Folgejahr, im Februar 1948, stirbt er: „Man hatte ihn versehentlich in einem Theater eingeschlossen, die Räume waren nicht beheizt. Er musste die Nacht dort verbringen und starb an einer Lungenentzündung", sagt Rita Hegmann. „Ein tragisches Ende für den Komiker, dessen Leben aber teilweise eben genau das gewesen ist: eher tragisch als komisch.

Eva-Maria Bast

Ludwig II. auf dem Totenbett.

13. Juni 1886

Der König und sein Psychiater

Um 20 Uhr hat man alles vorbereitet: Das Souper für Ludwig II. (1845-1886) ist fertig. Man erwartet den (frisch entmündigten) König zurück, der gegen 18 Uhr zu einem Spaziergang mit seinem Psychiater Berhard von Gudden (1824-1886) aufgebrochen ist. Doch der König erscheint nicht – ebenso wenig sein Psychiater. Es regnet in Strömen, man vermutet, der König und sein ärztlicher Begleiter könnten sich irgendwo untergestellt haben. Gegen 20.30 Uhr macht sich das Schlosspersonal auf die Suche. Es ist etwa 22 Uhr, als Kleidungsstücke des Königs im Wasser gefunden werden, eine halbe Stunde später entdeckt man zwei leblose Körper, die auf dem Wasser treiben. Später wird man die Taschenuhr des Königs finden, die um 18.54 Uhr stehenblieb, weil Wasser eindrang. Als die Diener im Schloss Berg auf die Herren warteten, waren sie also wohl seit rund einer Stunde tot. Was ist geschehen?

„Dem Tod gingen merkwürdige Geschehnisse voraus", sagt Claudia Raith, Stadtführerin in München, die sich seit vielen Jahren mit dem tragischen Ereignis befasst und so ziemlich jede Version kennt, die dazu kursiert. Die Geschichte beginnt damit, dass Ludwigs Vater Max II. (1811-1864) relativ plötzlich verstirbt und Ludwig im Alter von 18 Jahren die Regentschaft antreten muss. „Und eigentlich wollte er das auch und hat sich auf seine Zeit als König gefreut, aber dann hat er gemerkt, dass alles ganz anders läuft, als er sich das vorgestellt hat. Er hätte nämlich gerne eine Monarchie nach absolutistischem System gehabt. Er als allein regierender Herrscher, der machen kann, was er will. Das hätte ihm gefallen", schildert die Kunsthistorikerin Ludwigs Einstellung. Doch Ludwig II. muss feststellen, dass er Minister hat, mit denen er zusammenarbeiten muss, und dass er nicht einfach schalten und walten kann, wie er will. Der König sucht nach einem Weg, die Autokratie in einem gewissen Sinne doch durchzusetzen, und entwickelt eine regelrechte Bauwut. Er lässt drei Schlösser – Linderhof, Herrenchiemsee, Neuschwanstein und ein Berghaus auf dem Schachen – als Zeichen seiner Macht bauen. „Doch er war ein in hohem Maße neurotischer Mensch und hat plötzlich angefangen, die Nacht zum Tage zu machen. Vielleicht auch deshalb, weil es noch ein weiteres Instrument der Machtausübung war, wenn alle sich seinem Rhythmus

Claudia Raith hat sich viel mit dem Schicksal des bayerischen Königs Ludwig II. beschäftigt.

unterwerfen müssen", überlegt Claudia Raith. König Ludwig II. zieht sich auf seine Schlösser zurück, nach München kommt er kaum noch. „Seine Minister mussten, wenn sie mit ihm kommunizieren wollten, raus fahren und dann nachts zu den Treffen kommen." Ludwig steht gegen 17 Uhr auf und beginnt, sich dem Frühstück zu widmen. Ab 23 Uhr empfängt er seine Minister zur Audienz. „Das hat wirklich skurrilste Ausmaße angenommen, seine Minister durften ihn nicht mehr anschauen, sie mussten zu Boden blicken, wenn sie mit ihm geredet haben", schildert Claudia Raith das bizarre Gebaren des Königs. Die Situation habe sich immer weiter zugespitzt. „Und für die Minister wurden die Treffen qualvoll. Sie mussten stundenlang stehen, bis sie wieder das Wort ergreifen durften, das hatte zur Folge, dass sich viele krankgemeldet oder den Dienst quittiert haben." Daraufhin stellt Ludwig junge Soldaten ein. „Dass er homosexuell ist, munkelt man damals schon, es wird vermutet, dass er mit dem einen oder anderen Soldaten eine amouröse Beziehung unterhält", sagt die Münchnerin.

Im März 1886 schließen sich seine Minister zusammen und suchen nach einer Möglichkeit, Ludwig II. abzusetzen. „Er hat immer mehr Geld ausgegeben, und sie hatten Angst, dass der Staat bankrottgeht." Die Minister beschließen, den Gesundheitszustand des Königs überprüfen zu lassen, zumal sein Bruder Otto schon seit langer Zeit geisteskrank ist. „Man hat den Psychiater Berhard von Gudden eingeladen, der damals einer der renommiertesten Psychiater war. Von Gudden schrieb ein Gutachten über König Ludwig II., ohne ihn gesehen zu haben, und hat ihn im vollen Umfang für geisteskrank erklärt." Viele Menschen aus dem Umfeld des Königs zweifeln daran. Doch von Gudden bleibt bei seiner Ansicht. Mehrere Ärzte unterschreiben das Gutachten, weil er als Meister auf seinem Gebiet gilt.

Am 5. Mai wenden sich die Minister mit mehreren Forderungen an den König: Er soll sofort seine Selbstisolation aufgeben und die Regierungsgeschäfte wieder von München aus führen. Er muss sämtliche Baumaßnahmen aussetzen, Einsparungen durchsetzen, und er muss die Soldaten entlassen. Ludwig reagiert mit einem Wutausbruch und äußert Gewaltfantasien. Die Folge: Die Minister beschließen, die Entmachtung Ludwigs wirklich in die Wege zu leiten.

„Das ging tatsächlich so einfach, denn sie hatten ja das Gutachten von Professor Gudden in der Tasche", sagt Claudia Raith. Man versucht am 10. Juni, Ludwig II. auf Neuschwanstein festzunehmen, was misslingt: Seine Leute verteidigen ihn. Beim zweiten Versuch glückt es aber: Am 12. Juni um 4 Uhr morgens nehmen von Gudden und „ziemlich viel Fachpersonal", wie Claudia Raith sagt, den König fest und bringen ihn nach Schloss Berg am Ufer des Starnberger Sees, der damals noch „Würmsee" heißt. Ludwig habe den Psychiater dann mit dessen Diagnose konfrontiert und sinngemäß gefragt: „Wie können Sie mich für geisteskrank erklären? Sie haben mich doch gar nicht untersucht", berichtet Claudia Raith. Von Gudden habe dann gesagt: „Majestät, das war nicht mehr notwendig. Das Aktenmaterial ist sehr reichhaltig und vollkommen beweisend. Es ist geradezu erdrückend." Ludwig II., der entmündigte König, wird also festgesetzt. „Das Schloss wurde vorher präpariert. Die Klinken abmontiert und überall Gucklöcher in die Türen gebohrt, auch im Ankleidezimmer und im Bad. Für Ludwig war das ganz schlimm, er war ja einer, der sich nicht gerne anschauen ließ."

> **Ein Blick in die Welt...**
> **... vom 13. Juni**
>
> Am 13. Juni 1935 wird der US-amerikanische Künstler Christo Javacheff geboren. Er wird unter dem Künstlernamen „Christo" und für seine Verpackungskunst – zum Beispiel des Berliner Reichstags im Jahr 1995 – berühmt.

Und dann kommt der 13. Juni. Ludwig geht mit Professor Gudden im Park spazieren. Ein Wärter folgt ihnen. „Ludwig soll seinen Psychiater ausgefragt haben: Wie ist die Bewachung? Wie viele Leute sind da? Wie viele Gendarmen? Wie schaut die Bewaffnung aus? Warum bin ich hier eigentlich festgehalten? Was habt ihr mir überhaupt vorzuwerfen?"

Nach dem Abendessen und vor dem Souper brechen der König und sein Psychiater erneut zu einem Spaziergang am Ufer des Starnberger Sees auf. „Von Gudden sagte, dass diesmal keine Wärter dabei sein sollen, was auch sehr merkwürdig war", stellt Claudia Raith fest. Gegen 20 Uhr sind die beiden Herren nicht zurück. Die Suche beginnt und endet mit dem Fund der Leichen.

Was war passiert? Man weiß es nicht, sagt Claudia Raith, es gebe drei Varianten: Entweder war es ein Unfall oder der König hat Suizid begangen oder es war Mord. Dafür gebe es aber keine Belege. Spuren, die sich später finden, weisen darauf hin, dass ein Kampf stattfand. „Erwiesen ist auch, dass von Gudden einen Schlag auf den Kopf bekam", sagt Claudia Raith. An Ludwig II. habe man keine Würgemale oder Verletzungen feststellen können. Über den Tod der beiden Männer sei viel spekuliert worden, es gebe viele Vermutungen, das Ereignis gebe nach wie vor viele Rätsel auf. Und das werde vermutlich auch so bleiben.

Der See gibt das Geheimnis nicht preis.

....

Eva-Maria Bast

25. Woche

Bilder voller Dramatik: Die Meistersinger-Schlussszene bei der Uraufführung am 21. Juni 1868 im Nationaltheater München.

JUN.
| 18 | 19 | 20 | ~~21~~ | 22 |
| 23 | 24 | 25 | 26 | 27 |

21. Juni 1868

Traum vom Münchner Festspielhaus

„Ludwig II. von Bayern hatte schon als Kind die deutschen Sagen des Mittelalters vor Augen", sagt Dr. Uwe Gerd Schatz von den Staatlichen Schlössern, Gärten und Seen. „Auf den Wandgemälden im väterlichen Sommerschloss Hohenschwangau war auch die Sage vom Schwanenritter Lohengrin dargestellt, mit dem Ludwig sich früh identifizierte." 1861, als er 16 Jahre alt ist, darf Ludwig (1845-1886) in der Münchener Hofoper die „Romantische Oper" Lohengrin erleben, in der Richard Wagner (1813-1883) eben jene Sagen des Mittelalters in Szene setzt. „Restlos begeistert, beschloss Ludwig, sobald er König sei, Wagner nach München zu holen", erzählt Dr. Uwe Gerd Schatz. Denn auch wenn dessen Oper hier aufgeführt wird: Der Komponist dieses Werks weilt bis dato nicht persönlich in der Residenzstadt.

„Ludwig hat auch Schriften Wagners gelesen und wusste daher von dessen Festspielidee. Diese Festspiele, die nichts weniger sein sollten als eine Wiederbelebung des antiken griechischen Theaters mit deutschen Inhalten, wollte Ludwig II. in München haben", schildert der Kunsthistoriker Ludwigs Wunsch. Ludwig träumt davon, einmal der Mäzen Richard Wagners zu sein, ein Traum, der wahr werden wird: „Die Bayreuther Festspiele würde es ohne Ludwig II. von Bayern nicht geben", verdeutlicht Schatz die Folgen der königlichen Verehrung. „Wagner konnte sie nur realisieren, weil er zuvor in München solchen Erfolg gehabt hatte und die Unterstützung Ludwigs II. genoss." Und in München werden am 21. Juni 1868 tatsächlich Wagners Meistersinger uraufgeführt. Dank Ludwig II.

Wie es dazu kommt? „Als Ludwig im März 1864 bayerischer König wurde, ließ er sofort nach Wagner suchen, der zu diesem Zeitpunkt auf der Flucht vor seinen Gläubigern, aber nicht nur finanziell am Ende war", berichtet Schatz und zitiert: „Er schrieb in einem Brief, er sei nahe daran, sich aus der Welt zu stehlen." Wagner erklärt, „nur ein entschiedenes Wunder" könne ihn noch retten. Am

3. Mai 1864 kommt das Wunder dann auch schon herbeigeeilt, in Gestalt von Ludwigs einflussreichem Kabinettsekretär Franz Seraph von Pfistermeister (1820-1912), den der König später wegen seiner ablehnenden Haltung gegenüber Richard Wagner entlässt. Aber zunächst gelingt es ihm, Wagner in einem Stuttgarter Hotel ausfindig zu machen. „Er übergibt ihm von seinem König einen Rubinring zusammen mit der Aufforderung, nach München zu kommen", sagt Uwe Gerd Schatz. Schon am Folgetag lernen sich Wagner und Ludwig II. kennen. Der König bietet dem Komponisten an, dessen Schulden zu übernehmen und ihn finanziell zu unterstützen. In der Nähe von Schloss Berg richtet er ihm ein Haus ein.

„Wagner schrieb am Abend seiner Begegnung mit dem König seiner vertrauten Freundin aus den Schweizer Exiljahren, Eliza Wille: ‚Heute wurde ich zu ihm geführt. Er ist leider so schön und geistvoll, seelenvoll und herrlich, daß ich fürchte, sein Leben müsse wie ein flüchtiger Göttertraum in dieser gemeinen Welt zerrinnen. (...) Wenn er nur am Leben bleibt; es ist ein zu unerhörtes Wunder!'", zitiert Uwe Gerd Schatz. Der König will Wagners Wunsch nach einem Festspielhaus entsprechen, der ja auch sein eigener ist. „Der Standort war hoch über der Isar vorgesehen, eine eigene Prachtstraße sollte von der Stadt auf dieses bedeutendste Theaterprojekt des 19. Jahrhunderts zuführen", schildert Schatz das Vorhaben. Für Wagner steht im Theater das Werk an erster Stelle. Seine Idealvorstellungen hat der berühmte Architekt Gottfried Semper in diesem einzigartigen Projekt verwirklicht: äußerste Zweckmäßigkeit bei Zuschauerraum und Bühne mit Konzentration auf das aufgeführte Werk. Kein Logentheater, sondern ein ansteigendes Auditorium mit guter Sicht von allen Plätzen, ein „demokratischer" Zuschauerraum ohne alle Standesschranken, ver-

Dr. Uwe Gerd Schatz an der Stelle, an der nach Plänen von Ludwig II. das Festspielhaus hätte stehen sollen.

decktes Orchester. Architekturformen der römischen Antike sollten diesem Theater Größe und Würde geben. Wagner und der König sind begeistert. Diese Pläne scheitern aber endgültig 1866, auch am Widerstand der Minister (siehe Kalenderblatt 24) und des Stadtmagistrats von München, denen die hohen Kosten Bauchschmerzen bereiten. Außerdem hatte Wagner wegen dem Druck, den die Minister auf den König ausübten, im Herbst 1865 München verlassen müssen.

> **Ein Blick in die Welt...**
> **... vom 21. Juni**
>
> Am 21. Juni 1767 entdeckt der englische Kapitän Samuel Wallis die Insel Tahiti.

Wenn es auch mit dem Festspielhaus am Ende nichts wurde: Die Uraufführungen von Wagners Musikdramen machen München vorübergehend zur Musikhauptstadt Europas: „Tristan und Isolde" im Juni 1865, „jenes damals unerhört kühne Seelendrama, das Ludwig II. zutiefst erschütterte", wie Schatz sagt. „Und am 21. Juni 1868 dann die Uraufführung der Meistersinger im Königlichen Hof- und Nationaltheater." Wagner soll mit dem Ergebnis der Aufführung sehr zufrieden gewesen sein, das Ereignis wird allgemein als Triumph erlebt, neben dem König wohnen der Veranstaltung noch weitere illustre Gäste bei.

Dann kommt der Tag, an dem der Komponist Bayreuth besucht – der 17. April 1870. Er hat vom markgräflichen Opernhaus gelesen, dessen große, vor allem aber tiefe Bühne ihm für seine Werke passend erscheint. Das Haus findet er dann doch zu klein und wegen der Seitenlogen ungeeignet, aber die Stadt stellt ihm ein Gelände zur Verfügung, den Grünen Hügel, und er kauft ein Grundstück für sein „Haus Wahnfried". Ludwig unterstützt ihn auch dort umfassend. Für sein Bayreuther Festspielhaus lässt Wagner Sempers Münchner Pläne verwenden; die viel einfachere Ausführung, auch mit viel Holz anstatt Stein, ist nur den Finanzen geschuldet. Doch: Dieser Sparzwang erschuf ein Wunder der Akustik.

Eva-Maria Bast

26. Woche

St. Paul im Bau, hier eine Aufnahme aus dem Jahr 1900.

29. Juni 1892

Eine Kirche als Zeichen des Selbstbewusstseins

Während des Oktoberfests steigt die Besucherzahl der Paulskirche sprunghaft an. Die meisten Menschen zieht es aber nicht in den Gottesdienst, sondern auf die Aussichtsplattform, von der aus sich ein grandioser Blick über das Volksfest und die Stadt bietet. Mit seinem 97 Meter hohen Turm zählt St. Paul zu den höchsten und mächtigsten Sakralbauten Münchens. Den Grundstein legt am 29. Juni 1892 Erzbischof Antonius von Thoma (1829-1897). Georg von Hauberrisser (1841-1922), der auch für die Gestaltung des Neuen Münchner Rathauses verantwortlich zeichnet, entscheidet den Architektenwettbewerb für sich. Er errichtet das Gotteshaus im neogotischen Stil, der das neue Selbstbewusstsein des 19. Jahrhunderts ausdrückt.

„Der Bau der Kirche ist ein wichtiger Bestandteil der Stadterweiterung in der zweiten Hälfte des 19. Jahrhunderts in der heutigen Ludwigsvorstadt", sagt Beate Bidjanbeg von der GeschichtsWerkstatt Ludwigsvorstadt-Isarvorstadt. „St. Paul entstand quasi auf der ehemaligen Rennbahn der Theresienwiese als Pfarrkirche für den neuen Stadtteil Ludwigsvorstadt, dessen rasante Entstehung Münchens Entwicklung zur Großstadt widerspiegelt." Die Bevölkerungszahl der Bayernmetropole explodiert zwischen der Reichsgründung 1871 und dem Beginn des Ersten Weltkriegs 1914. Zählt die Stadt im Jahr 1871 noch 169.693 Einwohner, vervierfacht sich die Bevölkerung bis 1914! Zuwanderung, Geburtenüberschuss und Eingemeindungen – unter anderem von Sendling 1877, Neuhausen und Schwabing 1890, Bogenhausen 1892, Nymphenburg 1899, Laim und Thalkirchen 1900 – lassen die Stadt aus den Nähten platzen, sie dehnt sich in alle Richtungen aus. Innerhalb kürzester Zeit entstehen neue Stadtviertel. In der Ludwigsvorstadt wird vor allem südlich des Bahnhofs gebaut. Bauland wird ausgewiesen, neue Straßen angelegt, Investoren und Bauherren gesucht. Neben dem Bau von Wohnungen und Geschäften werden auch Schulen, Wasser- und Abwasserversorgung, Straßenbeleuchtung, kommunale Verwaltungen und soziale Einrichtungen für die neuen Stadtbewohner benötigt.

Beate Bidjanbeg vor der Kirche, deren Aussichtsplattform während des Oktoberfests Tausende Touristen anlockt.

Nachdem München 1883 auf rund 262.000 Bewohner angewachsen ist, fordert Erzbischof Antonius von Steichele (1816-1889) den Bau von drei neuen Pfarrkirchen: St. Benno in der Maxvorstadt, St. Maximilian in der Isarvorstadt und St. Paul in der Ludwigsvorstadt. Der eigens dafür gegründete Zentralkirchenbauverein soll die Gotteshäuser errichten. St. Benno und St. Maximilian werden im damals vorherrschenden Baustil, der Neoromanik, gebaut. St. Paul, das damals größte Neubauprojekt einer Pfarrkirche in München, setzt sich davon ab. Die Neugotik gilt als Ausdruck eines selbstständigen und politisch eigenständigen Bürgertums. Die Ludwigsvorstadt ist um 1890 ein großbürgerliches Viertel, und dies demonstriert auch seine Kirche: Deren höchster Turm ist fast genauso hoch wie der Turm der Frauenkirche, die als erstes Bauwerk bürgerlichen Selbstbewusstseins gilt. Um die Sichtachse aus dem Stadtzentrum und von der Residenz her zu beherrschen, wird der Turm östlich in Richtung Chor gesetzt. Der Bau geht rasch voran: Am 12. November 1899 findet der erste Gottesdienst in der künftigen Marienkapelle statt, am 8. Dezember 1903 die Weihe des Hochaltars, am 24. Juni 1906 die Einweihung der Kirche.

Im Zweiten Weltkrieg wird St. Paul stark beschädigt, in den 1950er-Jahren wiederhergestellt. Bekanntheit weit über München hinaus erlangt St. Paul durch ein tragisches Flugzeugunglück. „Am 17. Dezember 1960 streift ein amerikanisches Verkehrsflugzeug die Spitze des Hauptturms und stürzt Ecke Landsberger- und Martin-Greif-Straße auf eine Straßenbahn", berichtet Beate Bidjanbeg. 52 Menschen sterben. Mehr Menschen dürften glücklicherweise schöne Erinnerungen mit dem Bauwerk verbinden: Von der Aussichtsplattform aus kann man das weltbekannte Münchner Postkartenmotiv des Oktoberfests fotografieren und bestaunen.

Annina Baur

Ein Blick in die Welt...
... vom 29. Juni

Am 29. Juni 1956 heiraten die Schauspielerin Marilyn Monroe und der Dramatiker Arthur Miller.

27. WOCHE

Joseph Karl Stieler war von 1820 an Hofmaler.

JUL.
2 3 4 5 ~~6~~
7 8 9 10 11

06. Juli 1807

Des Königs schöne Frauen

Kunstschätze betrachten, Atelierbesuche, Abende bei Musik und Theater und ein Ausflug an den Starnberger See stehen auf dem Programm, als Joseph Karl Stieler (1781-1858) am 6. Juli 1807 München erreicht. Es ist sein erster Aufenthalt in der Bayernmetropole und er ahnt nicht, dass diese Stadt einmal sein Lebensmittelpunkt wird. Der junge Maler ist noch in Ausbildung,

12. Jh.   13. Jh.   14. Jh.   15. Jh.   16. Jh.   17. Jh.   18. Jh.   19. Jh.   20. Jh.   21. Jh.

erst ein Jahr zuvor hat er sein Studium an der k. u. k. Akademie der Künste in Wien abgeschlossen. „Das Reisen spielte eine wichtige Rolle in Stielers künstlerischem Leben", sagt Florian Scheungraber, Mitarbeiter der städtischen Friedhöfe. In Polen, Frankreich und Italien, Frankfurt am Main und eben München arbeitet der Künstler und studiert das Kulturangebot.

König Maximilian I. Joseph (1756-1825) hat es Stielers vom Klassizismus geprägter Malstil besonders angetan: Er lädt den Künstler 1812 nach München ein, er soll sowohl ihn als auch alle Mitglieder der königlichen Familie portraitieren. 1816 schickt der König den Maler nach Wien, um für ihn Portraits des Kaisers und weiterer Mitglieder des kaiserlichen Hofs anzufertigen. In dieser Zeit entsteht auch das heute bekannteste Porträt des Komponisten Ludwig van Beethoven (1770-1827) unter schwierigen Bedingungen, will doch der Komponist niemals stillsitzen. Erst 1820 kehrt Stieler auf ausdrücklichen Wunsch des Königs nach München zurück und wird noch im selben Jahr zum Hofmaler ernannt.

Florian Scheungraber vor dem Nymphenburger Schloss, wo sich die Schönheitengalerie befindet.

Bereits früh werden Pläne für eine Schönheitengalerie entwickelt: 1821 sitzen der damalige Kronprinz Ludwig (1786-1868) und einige deutsche Künstler in einer Weinschenke in Rom. Ein Maler dieser Runde philosophiert: „Heute die Schönste. Morgen schon eine andere Schönste. Man müsste die Schönsten der Schönen sammeln können – auch um zu beweisen, daß Schönheit mehr ist als das Privileg eines Standes." Ludwig antwortet: „Ja, das müsste man", und weiter: „Liebe ist das Höchste, nicht der Thron." Er informiert den Hofmaler, und schon am 19. Mai desselben Jahres schreibt Stieler an den Kronprinzen: „Königliche Hoheit! Höchst Dero Meinung, daß das Bild der Madame Lang eines der gelungensten sey, veranlaßt mich, Euer Königliche Hoheit zu fragen, ob ich dasselbe (wovon ich das original noch besitze) nicht zu Dero Füßen legen dürfte? Damit es in der Sammlung der schönen Köpfe stehe. Vielleicht könnte es Euer Königlichen Hoheit einigen Ersatz für das mißlungene Bild der Signora Schiasetti gewähren." Obwohl weder das eine noch das andere genannte Bild tatsächlich in die Galerie aufgenommen wird – die Absicht, eine Schönheitengalerie zu schaffen, geht aus diesem Brief klar hervor. Der Tod Maximilians und die Thronbesteigung Ludwigs 1825 verzögern die Pläne, doch 1827 sind die ersten beiden Bilder fertig, sie zeigen Auguste Strobl, Tochter eines königlich bayerischen Hauptbuchhalters, und Maximiliane Borzaga, Kind eines Münchner Salinen- und Leihhauskassierers.

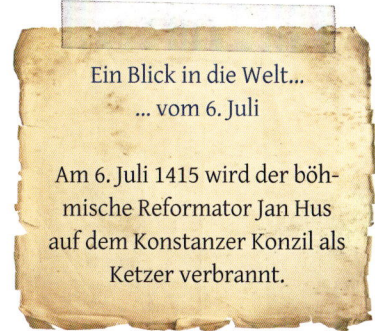

Ein Blick in die Welt...
... vom 6. Juli

Am 6. Juli 1415 wird der böhmische Reformator Jan Hus auf dem Konstanzer Konzil als Ketzer verbrannt.

Die Arbeit an der Galerie nimmt Stieler jahrzehntelang in Anspruch. Bis 1848 entstehen 36 Porträts, die Schönheitengalerie ist eines seiner bedeutendsten Werke. „Ich will die Herzen meiner Bayern bilden, Frauenschönheit nicht ausgeschlossen", sagt König Ludwig I. und heißt seinen Hofmaler „die schönsten Mädchen und Frauen meines Königreichs" zu porträtieren. Rang und Namen spielen keine Rolle: Das Bürgermädchen Helene Sedlmayer steht neben Prinzessin Maria von Preußen. „Ludwig liebte die Kunst und die schönen Frauen", sagt Scheungraber. Für manch eine Frau ist es sehnlichster Wunsch, in die Galerie aufgenommen zu werden, anderen bereitet die Vorstellung schlaflose Nächte, werden doch die porträtierten Schönheiten fortan bei jedem Schritt in München erkannt. Bis heute sind die Schönen in Schloss Nymphenburg zu bewundern.

....

Annina Baur

11. Juli 1662

Gotteshaus zu Ehren des Thronfolgers

Endlich ist er da, der langersehnte Thronfolger! Zwischen ein und zwei Uhr nachts erblickt Kurfürst Max II. Emanuel am 11. Juli 1662 das Licht der Welt. Und genau genommen heißt er nicht „nur" Max Emanuel, sondern auch noch Ludwig Maria Joseph Kajetan Anton Nikolaus Franz Ignaz Felix. Der Hof und ganz München sind im Ausnahmezustand: Acht Jahre hat man auf den

Thronfolger gewartet! (siehe Kalenderblatt 49). Im September folgen große Feierlichkeiten: Am 21. September wird der kleine Kurfürst in der Frauenkirche getauft, das ist ein Donnerstag. Ab dem darauf folgenden Sonntag gibt es ein dreitägiges „Churfürstlich Bayerische(s) Frewden-Fest" samt Oper, Turnier und Feuerwerk. Das Fest findet vor der Residenz statt, einen Brunnen hat man errichtet, aus dem statt Wasser Wein fließt (roter und weißer), Hofleute werfen Münzen in die Menge.

„Und bald nach der Geburt des Kurfürsten hat seine Mutter Henriette ihr Gelübde wahr gemacht und mit dem Bau der Theatinerkirche begonnen", erzählt Kunsthistorikerin Dr. Cornelia Engelhard, die an dem prachtvollen Gotteshaus einen regelrechten Narren gefressen hat. Auch habe die Kurfürstin ein Kloster für die Theatiner bauen lassen. Die Kirche und das Kloster befanden sich zwischen Stadtmauer, Schwabinger Gasse (heutige Theatinerstraße), Kuhgasse (heutige Salvatorstraße) und Salvatorplatz. Die Theatiner prägten die Stadt stark als Gelehrte und Seelsorger, bis König Max I. Joseph (1756-1825) das Kloster 1801 schon vor der Säkularisation aufhob.

Doch zurück zur Bauzeit: Den Auftrag für den Entwurf des Gotteshauses erhält der italienische Architekt Agostino Barelli (1626-1697), am 29. April 1663 wird der Grundstein gelegt. „Barelli baute die Kirche nach dem Vorbild der Mutterkirche der Theatiner, Sant' Andrea della Valle, in Rom", erläutert die Kunsthistorikerin. Nach Vollendung des Rohbaus 1674 übernimmt Enrico Zuccalli (1642-1724) die Leitung. Geweiht wird die Kirche am 11. Juli 1675, fertig ist sie damals aber noch längst nicht. „Erst zwischen 1684 und 1692 wurden die Türme

Für Cornelia Engelhard ist die Theatinerkirche etwas ganz Besonderes.

errichtet, die Außenfassade wird erst etwa Hundert Jahre später gemacht, man hat lang um die Gestaltung gestritten", sagt Cornelia Engelhard. Da ist der kleine Kurfürst, dem die Kirche geweiht ist, schon lange tot. Seine ganze Lebenszeit hat man also an diesem einzigartigen Denkmal für ihn gearbeitet. „Es ist ja nicht so, dass wir nicht ausreichend Kirchen gehabt hätten", merkt Cornelia Engelhard an. „Zumal München in jener Zeit erst 24.000 Einwohner hatte." Zum Glück habe sich die dankbare Mutter dadurch nicht abschrecken lassen. „Es ist einfach unglaublich, dass wir diese Kirche haben. Sie ist so untypisch für diese Region. Dieser Hochbarock, alles in Weiß und reich an Schmuck. Der Geburt dieses Kurfürsten hat München diese großartige Kirche zu verdanken", freut sich die Kunsthistorikerin.

Der kleine Junge, dem zu Ehren eine große Kirche erbaut wird, geht später als „Blauer Kurfürst" in die Geschichte ein und macht sich nicht nur Freunde. „Blauer Kurfürst" nennen ihn die Türken im Großen Türkenkrieg, in dem er als Kaiserlicher Feldherr kämpft – er trägt immer eine blaue Uniform. Im Gegensatz zu seinem Vater setzt Max II. Emanuel so gar nicht auf Ruhe und Frieden, er greift offensiv ins politische Geschehen ein. 1704 muss er sogar ins Exil, 1706 wird die Reichsacht über ihn verhängt. Doch 1714 kehrt er als Kurfürst von Bayern nach München zurück und regiert, bis er 1726 an einem Schlaganfall stirbt. Bestattet wird er in der Fürstengruft in der Theatinerkirche. Auch wenn die noch nicht fertig ist.

....

Eva-Maria Bast

Ein Blick in die Welt...
... vom 11. Juli

Am 11. Juli 1916 findet im der Schlacht um Verdun im Ersten Weltkrieg ein Großangriff der deutschen Truppen statt, der allerdings erfolglos ist.

Die Dreifaltigkeitskirche in München im Jahr 1887.

17. Juli 1704

Eine Kirche für eine nicht zerstörte Stadt

Am 8. Juli 1704 hat Maria Anna Lindmayr (1657-1726) eine Vision: Die tief gläubige Bürgerstochter sieht, dass die Stadt vor grausamer Zerstörung bewahrt wird, wenn die Münchner eine Dreifaltigkeitskirche errichten. „Die drei Stände Klerus, Adel und Bürger nahmen die Vision der tief Gläubigen durchaus ernst, glaubten an ihre seherischen Fähigkeiten", sagt

Christopher Weidner, der sich als Stadtführer viel mit Maria Anna Lindmayr beschäftigt hat. Vielleicht ist es auch so, dass man in Zeiten der Angst und der Not immer eine Hoffnung braucht, froh ist, etwas zu haben, das man tun kann, weil man die eigene Ohnmacht gegenüber dem Verlauf der politischen Ereignisse nicht erträgt. Und Zuversicht braucht man in der Residenzstadt, denn der Spanische Erbfolgekrieg (1701-1714), der schon seit drei Jahren tobt und noch weitere zehn Jahre dauern wird, bringt viel Leid nach Europa und auch nach Bayern. Er wird um das Erbe des kinderlos verstorbenen Königs Karl II. von Spanien (1661-1700) geführt. Bayern ist seit 1702 mit Frankreich verbündet und hat sich damit gegen die große Allianz (Großbritannien, Österreich und die Niederlande) gewendet. Der absolutistische Kurfürst Maximilian Emanuel II. (1662-1726) hat die Seiten gewechselt (siehe Kalenderblatt 28). „Und deshalb geloben die drei Stände am 17. Juli 1704, eine Kirche zu bauen", bringt es Weidner auf den Punkt. Erst einmal sieht es nicht so aus, als würde das Gelübde etwas bringen: Einen Monat danach muss der Kurfürst, infolge der Niederlage bei Höchstädt am 13. August 1704, ins Exil fliehen, Bayern ist nun österreichisch. Unter Kaiser Leopold (1640-1705) sind die Münchner noch nicht sonderlich von diesen neuen Besitzverhältnissen tangiert. Doch unter seinem Sohn Joseph I. (1678-1711) haben sie zu leiden: Zehn Tage nach Leopolds Tod, am 15. Mai 1705, wird die Stadt besetzt. Zerstört wird München nicht, da hat die Seherin recht, aber die Bevölkerung muss Zwangsabgaben leisten und Truppen werden einquartiert. Das mündet in die sogenannte Sendlinger Mordnacht, einen blutigen Bauernaufstand an Weihnachten 1705. Aufständische aus dem bayerischen Oberland werden von Truppen Kaiser Josephs I. völlig aufgerieben.

Christopher Weidner vor der Dreifaltigkeitskirche.

„Die Stände setzten ihr Gelübde in die Tat um", sagt Stadtführer Christopher Weidner. Am 21. Oktober 1711 wird der Grundstein zum

Bau der Dreifaltigkeitskirche, dem ersten spätbarocken Sakralbau, gelegt und daran anschließend bis 1714 ein Kloster errichtet. „Alles noch im Spanischen Erbfolgekrieg", macht Weidner deutlich.

Nach Ende des Krieges wird Maximilian mit dem Frieden von Rastatt im März 1714 wieder in Würden und Besitz gesetzt, kehrt aber erst 1715 aus dem Exil nach Bayern zurück, wo große Schulden auf ihn warten. „1718 weihte der Freisinger Fürstbischof Johann Franz Eckher die Kirche ein", erzählt Christopher Weidner weiter.

Und Maria Anna Lindmayr, die als „rettender Engel von München" verehrt wird, tritt 1712 im Alter von 55 Jahren als Novizin in den Karmelitinnenorden ein. 1714 ist das Kloster fertiggestellt. „1716 wurde sie Priorin des Klosters, ab 1722 war sie Novizenmeisterin. Und auch ihre zutreffenden Visionen dauerten an", sagt Weidner. „Die Vision mit der Dreifaltigkeitskirche war ja richtig. München hatte schwer zu leiden in dieser Zeit, aber zerstört wurde es nicht."

Und wie durch ein Wunder übersteht die Kirche auch als einzige der Innenstadt völlig unversehrt die Bombennächte des Zweiten Weltkrieges. So kann man noch heute die wundervollen Fresken des Cosmas Damian Asam (1686-1739) und die zahlreichen mystischen Motive, die das Kircheninnere schmücken, im Originalzustand bewundern. Auch dies ist eines der Wunder der Dreifaltigkeitskirche.

Eva-Maria Bast

> **Ein Blick in die Welt...**
> **... vom 17. Juli**
>
> Am 17. Juli 1787 wird der Gründer der Krupp Gussstahlfabrik, Friedrich Krupp, geboren.

30. Woche

Liesl Karlstadt: Partnerin Karl Valentins.

JUL.						
23	24	25	26	~~27~~		
28	29	30	31	1 AUG.		

27. Juli 1960

Ein Herz für Liesl Karlstadt

„Man kann es öffnen", sagt Cathérine Fischer und deutet auf das kleine rote Herz, das sich an dem schmiedeeisernen Grab befindet. „Ich finde es schön, dass sie ein Herz an ihrem Grab hat. Das passt zu ihr und zu ihrer tragischen Liebesgeschichte." Cathérine Fischer meint mit „sie" Liesl Karlstadt (1892-1960), Bühnenpartnerin von Karl Valentin (1882-1948, siehe Kalenderblatt 23). Die Komikerin ruht auf dem Bogenhauser Friedhof. Und der, erzählt Cathérine Fischer, sei der kleinste der Stadt, schon im 9. Jahrhundert soll hier eine Grabstätte um die St. Georgs-Kirche angelegt worden sein. Auf dem Friedhof gebe es viele schöne Gräber berühmter Münchner Persönlichkeiten. „Erich Kästner liegt hier begraben und Oskar-Maria Graf", nennt die junge Stadtführerin zwei Beispiele. Und eben Liesl Karlstadt, die am 27. Juli 1960 starb. *Liesl Karlstadt*, steht außen auf dem Herz geschrieben, und im Inneren, wenn man es aufklappt, kann man ihren „echten" Namen lesen: *Elisabeth Wellano*. „Liesl Karlstadt war ja ihr Künstlername."

Die Verstorbene, die hier ruht, wird als Tochter eines italienischen Bäckers in München geboren – als fünftes von neun Kindern. „Sie ist in recht bescheidenen Verhältnissen aufgewachsen und hat schon von klein auf immer davon geträumt, dass sie einmal als Schauspielerin auf der ganz großen Bühne stehen wird", charakterisiert Cathérine Fischer die junge Elisabeth. „Und dann kam 1911 ein schicksalsträchtiger Tag, da ist sie bei einer kleinen Inszenierung aufgetreten, da saß Karl Valentin im Publikum und hat sie entdeckt." Liesl fällt ihm mit ihrem Talent gleich auf, nach der Vorstellung geht er zu ihr und fragt sie, ob sie nicht mit ihm zusammenarbeiten wolle. Sie solle sich doch auf das Komische verlegen, das würde ihr mehr liegen, glaube er. Erstmal ist sie beleidigt, doch dann fühlt sie sich geehrt „und war ab dann Liesl Karlstadt." Wie kommt es zu dem Namen? „Er hat sie sozusagen umgetauft", erzählt die Stadtführerin. „Liesl ist der Spitzname von Elisabeth und der Name Karlstadt lehnt sich an den Musikkomiker Karl Maxstadt an, den Valentin verehrt hat." Karl Valentin und Liesl Karlstadt ergänzen sich auf der Bühne perfekt. Privat ist es nicht so einfach: „Valentin muss ja ein

Cathérine Fischer öffnet das Herz an Liesl Karlstadts Grab.

ziemlich schwieriger Mensch gewesen sein, aber sie hat ihm immer mit Rat und Tat zur Seite gestanden. Und so wurde irgendwann mehr daraus, so wurde aus den Bühnenpartnern auch privat ein Paar."

Doch Karl Valentin ist gebunden, Liesl bleibt immer die Nummer zwei. „Sie hat irgendwann versucht, sich von ihm zu lösen und selbst eine Schauspielkarriere anfangen und war dann auch nicht ganz erfolglos, aber es war und blieb, wie er ihr selbst einmal in einem Brief geschrieben hat: ‚Die richtige Liesl Karlstadt bist du nur an meiner Seite'", zitiert Cathérine Fischer. „Und so war es dann auch. Sie ist wieder zu ihm zurückgekehrt. Das Auf und Ab zwischen den beiden ging weiter, bis sie irgendwann einmal versucht hat, sich das Leben zu nehmen."

> **Ein Blick in die Welt...**
> **... vom 27. Juli**
>
> Am 27. Juli 1996 verübt Eric Rudolph ein Bombenattentat auf die Olympischen Sommerspiele in Atlanta.

Der Selbstmordversuch erschüttert Valentin, sie nähern sich einander wieder an, werden aber kein Paar mehr. „Und als der Zweite Weltkrieg sich anbahnte, verblassten diese Zwistigkeiten vor dem ganzen Rest. Sie sind dann noch einmal zusammen auf der Bühne gestanden, kurz bevor Valentin gestorben ist."

Am Viktualienmarkt erinnern zwei Skulpturen an die beiden. „Das ist so bezeichnend: Sie stehen am gleichen Platz, sie schauen sich an, sind aber doch ganz schön weit voneinander entfernt. So war es eigentlich ihr ganzes Leben. Ich finde diese tragische Liebesgeschichte, die hinter ihren berühmten Bühnenauftritten steht, sehr berührend", sagt Cathérine Fischer.

Und dann das Herz, das man aufklappen kann. „Das zeigt Liesls zwei Seiten: Die Unscheinbare, die sie unter ihrem bürgerlichen Namen war. Und die Berühmte, die sie an seiner Seite war."

Eva-Maria Bast

Der Holzstich zeigt die „Elefantenkatastrophe" im Jahr 1888.

JUL.		AUG.		
30	~~31~~	1	2	3
4	5	6	7	8

31. Juli 1888

Die Elefanten sind los!

Es dürfte der größte und ungewöhnlichste Gast sein, den das Hofbräuhaus je empfangen hat. Dem tonnenschweren Besucher ist jedoch nicht nach einem Bier zumute, vermutlich ist er ebenso verängstigt wie die Stammgäste, denen „der Rettich im Halse stecken blieb, als der riesige Gast eintretend das Tor verdunkelte". So beschreibt ein Augenzeuge, dessen Bericht in den

Memoiren des Hamburger Zoodirektors Carl Hagenbeck überliefert ist, den denkwürdigen Moment am 31. Juli 1888, als ein Elefant im Hofbräuhaus landete. „Geradewegs ins Billardzimmer schritt der Neuankömmling, in dem zwar nie ein Billard gestanden hat, aber stets der Rahmerlmann, der Flinserlsepp, das Lokomotiverl, der berühmte Zeitungshändler mit dem langen Bart und andere Originale der damaligen Zeit hinter ihrem Maßkrug saßen." Die Sache geht gut aus: „Sie taten dem Elefanten nichts, und der Elefant tat der sprachlosen Stammtischrunde nichts." Doch wie kam es dazu?

Prächtig geschmückte Festwagen ziehen am 31. Juli 1888 durch die Münchner Innenstadt. Die Häuser sind mit Flaggen, Blumen, Wappen, Laubgebinden und Bildern dekoriert. Es soll ein besonderer Tag werden. Gefeiert wird der 100. Geburtstag von König Ludwig I. (1786-1868). Der Festzug ist der Höhepunkt der dreitägigen Centenarfeier, die wegen des Todes Ludwigs II. (1845-1886) von 1886 auf 1888 verlegt wurde. Alles beginnt harmonisch: „Der Festzug hat, wie er sich heute den zahllosen Scharen von Schaulustigen geboten, welche aus allen Gegenden der Windrose zusammengeströmt waren, ein geradezu überwältigendes Bild gewährt", notiert der Stadtchronist. „Der Zug (...) wurde durch eine Abtheilung Schwerer Reiter eröffnet, denen ein bekränzter und prächtig kostümierter Herold zu Pferde folgte, der eine Tafel mit dem Geburtsjahre des Königs Ludwig I. trug." Und ja, es wird ein besonderer Tag – allerdings ganz anders als erwartet.

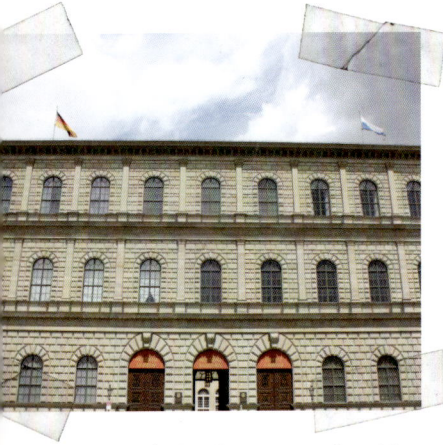

Vor der Residenz versammelten sich damals Menschenmassen, die beim Anblick der Dickhäuter in Panik ausbrachen.

Der Stadtchronist notiert: „Leider sollte das so schöne und gelungene Fest nicht ohne Unfall vorübergehen. Die acht im Zuge mitgeführten indischen Elephanten des Zirkus Hagenbeck scheuten auf dem Wege zum Siegesthor in der Ludwigstraße vor der an ihnen vorüberfahrenden Lokomotive, welche den feuerspeienden Drachen trug. Vier derselben rannten trotz der ihnen angelegten Kettenfesseln in die Fürstenstraße, durch dieselbe über den Wittelsbacherplatz durch die Dienerstraße in die Menschenmassen auf dem Residenzplatz, eine fürchterliche Panik verbreitend."

Ein Kommerzienrat klettert auf den Drachen und umklammert dessen Hals, um sich in Sicherheit zu bringen, ein Festordner versucht, einen der Elefanten am Schwanz festzuhalten, beschreibt der Augenzeuge: „In wilder Hast floh die nach Tausenden zählende Menge durch die Straßen, ohne auf die stürzenden Kinder Rücksicht zu nehmen. Das Angstgeschrei war herzzerreißend und die Verwirrung unbeschreiblich. (...) Anderen Leuten wurden Arme und Rippen gebrochen. Der Odeonsplatz war besät mit Stöcken, Hüten, Taschen und Kleidungsstücken." Nicht alle kommen mit dem Schrecken davon: „Wie wir nachträglich erfahren, sollen zwei Frauen, ein Kind und ein älterer Mann todt sein. (...) Im Krankenhaus Haidhausen liegen drei beim Zuge verletzte Personen", berichtet der Stadtchronist.

Auch die Elefanten geraten in Panik: „Ein Dickhäuter interessierte sich besonders für den alten Turnierhof. (...) Er zertrümmerte das Tor und drang in den Hof ein, worauf die entsetzten Bewohner sich auf die Dächer flüchteten. Zwei andere Tiere warfen in ihrer Angst eine Droschke um und landeten auf einem Bauplatz", notiert der Augenzeuge. „Der vierte Elefant brach durch den morschen Fußboden eines Milchladens und fiel in den Keller." So betrachtet wird der vierbeinige Gast des Hofbräuhauses vergleichsweise glimpflich davongekommen sein.

> **Ein Blick in die Welt...**
> **... vom 31. Juli**
>
> Am 31. Juli 1964 landet die Raumsonde Ranger 7 auf dem Mond. Obwohl sie zerschellt, kann sie noch die ersten 4000 Fotos vom Mond zur Erde senden.

Annina Baur

32. Woche

Die dargestellte Szene aus der königlichen Erzgießerei zeigt Der Guss der Bavaria in mehreren Einzelteilen war eine technische Meisterleistung.

AUG.

| 6 | ~~7~~ | 8 | 9 | 10 |
| 11 | 12 | 13 | 14 | 15 |

07. August 1850

Ein Festzug für das Haupt der Bavaria

Zehn Zimmerleute marschieren vorweg, ihnen folgt das Corps der Erzgießerei und ein Triumphwagen, gezogen von zwei reich aufgezäumten Pferden, bespannt mit himmelblauen und silberbordierten, samtenen Schabracken und verziert mit Wappen. Darauf steht die lorbeerbekränzte Marmorbüste des Bildhauers Ludwig Schwanthaler (1802-1848). Es folgt ein mit zwölf Pferden bespannter, geschmückter Wagen. „Alles dominierend stand hoch darauf das riesige und doch lieblich schöne Haupt der Bavaria, dessen Kolossalität erst recht in die Augen sprang, als es durch die Linden- und Pappelalleen langsam voranbewegt wurde. Wie klein wurden die sonst mächtigen Bäume, herrlich stach der warme Erzton des Gußwerkes von dem saftigen Grün des Laubes ab", beschreibt ein Augenzeuge den Festzug, mit dem am 7. August 1850 der Kopf der Bavaria als letzter Teil der Statue zur Theresienwiese geleitet wird.

Tausende Münchner bilden Spaliere für den Zug, der sich von der königlichen Erzgießerei aus durch die Nymphenburger-, die Dachauer, die Karls-, die Ottostraße über den Karlsplatz bis in die Bayerstraße bewegt. Viele lassen sich nicht einmal durch einen kräftigen Regenguss abhalten, den Kopf der Bavaria bis zum Ziel, der Anhöhe vor der Ruhmeshalle, zu begleiten. „Fünf bis sechstausend (...) umstanden Regenschirm an Regenschirm, einem Schilddach ähnlich, die Ruhmeshalle, welche zwar zum größten Theil vollendet, aber wegen eines Brettermantels von außen nicht zu erkennen ist", so der Augenzeuge. „Nachdem der Zug einige Zeit Halt gemacht hatte, ließen die Sänger die herrlichen Klänge des Walhallaliedes erschallen, dann trat Meister Miller vor, und brachte dem König Ludwig (...) ein Lebehoch, in welches mit dreifachen donnernden Akkorden die ganze versammelte Menge einstimmte."

Beate Bidjanbeg kennt die Geschichte der Kolossalstatue.

Die Bavaria ragt heraus – nicht allein der stattlichen 87 Tonnen wegen, die sie bei einer Größe von gut 18 Metern auf die Waage bringt: „Die Bavaria steht nicht nur für den übertriebenen Patriotismus des 19. Jahrhunderts, sondern auch für eine großartige bildhauerische Leistung", sagt Beate Bidjanbeg von der GeschichtsWerkstatt Ludwigsvorstadt-Isarvorstadt. Erste Entwürfe des Architekten Leo von Klenze (1784-1864) aus dem Jahr 1824 sehen die Bavaria als griechische Amazone mit zweifach gegürtetem Kleid und hochgeschnürten Sandalen, links der Statue kauert ein Löwe. Der am 28. Mai 1837 geschlossene Vertrag über die Herstellung der Statue zwischen König Ludwig I. (1786-1868), Klenze, Schwanthaler und den Erzgießern Johann Baptist Stiglmaier (1791-1844) und Ferdinand von Miller (1813-1887) bringt noch weitere Einflüsse. Schwanthaler ist, im Gegensatz zum klassischen Klenze, Romantiker: Er kleidet die Personifizierung Bayerns „germanisch", mit einem hemdartigen Kleid und einem Bärenfell, und stattet sie mit Eichenkränzen und Schwert aus. Was bleibt, ist der Löwe – Wappentier Bayerns und Symbol der Wehrhaftigkeit.

> Ein Blick in die Welt...
> ... vom 7. August
>
> Am 7. August 1888 erhält der Erfinder Theophilus Van Kannel in den USA das Patent für die Drehtür.

„Es war eine technische Meisterleistung", sagt Bidjanbeg. „Das kann jeder bestätigen, der die Wendeltreppe im Innern der Bavaria hinaufgestiegen ist und dabei von innen die Gussnähte und von oben die Aussicht bewundert hat." Von Ende 1839 an erschaffen Schwanthaler und seine Arbeiter in der königlichen Erzgießerei an der Nymphenburger Straße ein originalgetreues Modell aus Gips. Dieses wird 1843 in vier Einzelteile zerlegt, die als Vorlagen für die Gussformen dienen. „Am 11. September 1844 wird der Kopf aus Bronze gegossen." Es folgen Arme und Bruststück 1845, ein Jahr später das Hüftstück und 1849 das Unterteil. „Die Namen Erzgießereistraße und Sandstraße erinnern an den Ort der Herstellung." Doch von dort muss die kolossale Dame erst einmal zur Theresienwiese gelangen. Von Juni bis August werden die Einzelteile auf eigens dafür konstruierten Wagen transportiert, mit dem Festzug am 7. August wird die Überführung feierlich abgeschlossen.

Annina Baur

33. Woche

Sesselträger auf dem Marienplatz.

AUG.				
13	14	15	16	17
~~18~~	19	20	21	22

18. August 1684

Der Tag, an dem aus Achmet Anton wurde

Als Anton Achmet am 18. August 1684 getauft wird, ist die Schlacht am Kahlenberg (12. September 1683) schon fast ein Jahr her. In jener Schlacht bei Wien, in der die Osmanen den Truppen von Kurfürst Max Emanuel (1662-1726) gegenüberstehen und die zweite Türkenbelagerung Wiens siegreich zurückgeschlagen wird, gerät Anton Achmet, der damals schlicht

12. Jh.   13. Jh.   14. Jh.   15. Jh.   16. Jh.   **17. Jh.**   18. Jh.   19. Jh.   20. Jh.   21. Jh.

Achmet heißt, in Kriegsgefangenschaft und wird nach München gebracht. Wie auch die anderen türkischen Kriegsgefangenen steckt man Achmet in ein Zuchthaus. „Max Emanuel hoffte, dass die Türken ihre Männer auslösen würden, doch das kam nicht zustande", sagt Dr. Gudrun Szczepanek, Mitarbeiterin in der Museumsabteilung der Bayerischen Verwaltung der staatlichen Schlösser, Gärten und Seen. „Man setzte sie in der Textilindustrie ein, aber vor allem auch beim Bau der Kanäle nach Dachau und Schleißheim." Dem Türken namens Achmet aber wird ein anderes Schicksal zuteil: Er darf als Sesselträger am kurfürstlichen Hof arbeiten. „Doch so einfach war das nicht, schließlich war Bayern sehr katholisch und die Türken gehörten dem Islam an", schildert Gudrun Szczepanek die damit verbundene Schwierigkeit. Um kurfürstlicher Sesselträger werden zu können, muss Achmet seine bisherige Religionszugehörigkeit aufgeben und Christ werden. Am 18. August 1684 wird er christlich getauft und erhält bei diesem Anlass zu seinem türkischen noch einen deutschen Namen: Aus Achmet wird Anton Achmet. „Die Patenschaft für Anton Achmet übernimmt Kurfürst Max Emanuel höchstpersönlich, doch lässt er sich an der Taufe von seinem Kammerdiener Kilian Bill vertreten."

Dr. Gudrun Szczepanek kennt die Geschichte der türkischen Sesselträger.

Dem Sesselträger Anton Achmet wird viel Ehre zuteil: Zum Beispiel darf er Kurfürstin Maria Antonia von Österreich (1669-1692) in ihrem kostbaren Tragsessel tragen, der sich heute noch im Münchner Marstallmuseum befindet. „Dieser Tragsessel wurde zusammen mit einer Brautkutsche und wertvollen Kleidern in Paris beim Sattlermeister Saillot bestellt, der auch den französischen Königshof belieferte", sagt Gudrun Szczepanek. „Anlass war die Hochzeit mit dem bayerischen Kurfürsten Max Emanuel, die 1685 prunkvoll in Wien gefeiert wurde."

Ab 1688 gab es in München öffentliche Tragsessel. „Interessanterweise standen die Sesselträger am Marienplatz an der Ecke zur Dienergasse, dem damaligen Schrannenplatz, dort, wo heute die Rikschafahrer stehen", erzählt die Kunsthistorikerin. Ihr Chef war ein Sesselmeister und der hatte nach einem Erlass vom 26. Mai 1688 „obacht zuhalten, d(a)z sye in ihrer klaidtung nit zerissen, od(er) schlämppisch daher gehen, sonder sich alzeit sauber halten". Für gute Nahrung musste er auch sorgen, es sollen „ihnen in der wochen zu mittags guets oxen: oder Ründtfleisch auch Suppen vnd Krautt: auf die nacht aber fleisch, vnd Reis in der fleischsuppen od(er) aber Gersten, neben einen Sollat zu Speißen, an fasttägen sollen ihnen guete cräfftige Speißen von Mell vnd Schmalz gegeben" werden. Auch Bier gibt's für die Sesselträger: „Den Trunckh betr. hat man ieden Türckhen die Mahlzeit ain halbe mass pier zu geben, vnd solle diser Trunckh aus der Sessl Cassa bezahlt" werden.

Anton Achmet bleibt nicht sein Leben lang Sesselträger: Er macht sich gut und wird 1688, kurz vor seiner Hochzeit mit Kunigunde Ertmann, zum kurfürstlichen Eselknecht befördert. „In dieser Funktion hatte er nun die Aufsicht über die Sänften und Maultiere im kurfürstlichen Marstall", berichtet Gudrun Szczepanek. „In den Besoldungsbüchern wird er als Anthoni Machomet geführt; er verdiente jährlich 76 Gulden. Zum Vergleich: Ein Miettragsessel kostete einen Gulden am Tag, eine Hofsesselträger-Livree, wie Anton Achmet sie trug, rund 46 Gulden." Gudrun Szczepanek stellt fest: „Diese Livree hätte er sich nicht leisten können, sie wurde vom Hof gestellt."

> **Ein Blick in die Welt...**
> **... vom 18. August**
>
> Am 18. August 1371 verzichtet der Wittelsbacher Otto der Faule auf die Mark Brandenburg. Er zieht sich auf seine Güter in Bayern zurück.

Eva-Maria Bast

Superminister Maximilian von Montgelas war maßgeblich für das Bündnis verantwortlich.

25. August 1805

Bayerischer Hochverrat in Bogenhausen

München und Napoleon: eine schwierige Beziehung. Besonders gilt dies für die letzten Jahre des 18. und die ersten des 19. Jahrhunderts. „Bayern war damals nur teilweise souverän und sonst dem Kaiser zur Treue verpflichtet", sagt Roland Krack vom Verein für Stadtteilkultur im Münchner Nordosten. Die Bayern taktieren zwischen den rivalisierenden Großmächten Österreich und Frankreich, sind in wechselnden Allianzen in sieben Kriege verstrickt. Die Bevölkerung kommt nicht zur Ruhe: Truppendurchzüge österreichischer und französischer Soldaten und Einquartierungen sind an der Tagesordnung. „Wenn mit der Glocke geschellt wurde, erschrak man und wenn man das Schreyen eines Franzosen hörte, so wusste man nicht mehr, wohin man aus Beklemmung sich wenden sollte", schreibt der Chronist Lorenz von Westenrieder. Der Dauerkonflikt belastet Bürger und Staatskasse. Nach einer vernichtenden Niederlage der Österreicher gegen die Franzosen am 3. Dezember 1800 bei Hohenlinden östlich von München steht Bayern auf der Verliererseite und soll an Frankreich Kriegskontributionen zahlen, die höher sind als die jährlichen Staatseinnahmen.

Kurfürst Maximilian IV. Joseph (1756-1825) überträgt dem Freiherrn Maximilian von Montgelas (1759-1838) die heikle Aufgabe, das Land aus dieser Situation herauszumanövrieren. Und während er selbst die Stadt verlässt, lädt der „Superminister", der zugleich Innen-, Kriegs- und Finanzminister ist, zu Geheimverhandlungen in sein Gartenhaus in Bogenhausen ein. Die Verhandlungen seien kurz und schmerzlos verlaufen, doch man könne sagen, „am 25. August wurde in Bogenhausen bayerischer Hochverrat begangen", findet Roland Krack. „Mit dem Vertrag wurde die Allianz Bayerns mit Frankreich gegen Österreich und Russland begründet." Max Joseph verbündet sich also mit den Franzosen, lässt sich am 1. Januar 1806 zum ersten König von Bayern ausrufen und

Roland Krack vor dem Park, der heute zum Bundesfinanzhof gehört. Dort befand sich das „Montgelas-Schlössl", in dem der Geheimvertrag unterschrieben wurde.

nennt sich fortan Max I. Joseph. Das Ereignis wird mit Napoleon, der sich 1804 selbst zum Kaiser gekrönt hat, in München gefeiert.

Doch obwohl die Rangerhöhung Bayerns zum Königreich ein lange gehegter Wunsch ist, hält sich die Begeisterung der Münchner in Grenzen. Schließlich empfängt man sie aus der Hand Napoleons, gegen den Bayern lange gekämpft hat. Nicht zuletzt fordert der Schritt politische Zugeständnisse: Bayern muss dem von Napoleon gegründeten Rheinbund beitreten und den französischen Kaiser in künftigen Kriegen unterstützen. Als Gegenleistung wird Tirol Bayern zugesprochen und Bayern zieht fortan gegen Österreich und Russland in die Koalitionskriege. Schließlich freunden sich die Bayern mit der neuen Zugehörigkeit an: „Am 20. Oktober, als Napoleon auf der Rückreise von Wien nach Paris durch München kommt, jubeln ihm die Massen zu. „Nie war in Bayern die Franzosenliebe und die Liebe zu deren Kaiser so hoch gestiegen wie damals. Er war der allverehrte Abgott der Menge", notiert der damalige Münchner Kadett August von Platen.

Ein Blick in die Welt...
... vom 25. August

Am 25. August 1718 gründen französische Auswanderer New Orleans in Louisiana.

Die Hochstimmung verfliegt allerdings schnell: 1812 zwingt Napoleon das bayerische Heer, mit ihm nach Russland zu ziehen. Der Feldzug wird zur Katastrophe, kaum einer der 30.000 bayerischen Soldaten kehrt zurück. Die Bayern schlagen sich wieder auf die Seite der Alliierten. Napoleon schwört Rache: „Nein, keinen Frieden, ehe ich nicht München in einen Aschenhaufen verwandelt habe." Doch er kommt nicht mehr dazu, seine Rachepläne umzusetzen, bevor er am 6. April 1814 abdanken muss, nachdem die Armeen der Alliierten – Russland, Österreich und Preußen – in Frankreich einmarschiert waren und Paris besetzt hatten.

Annina Baur

Die Explosion war weithin sichtbar, als die Bombe aus dem Zweiten Weltkrieg von Experten kontrolliert gesprengt wurde.

28. August 2012

Säurebombe in Schwabing

Dienstag, 28. August 2012, 21.54 Uhr. Ein roter Feuerball schießt in den Nachthimmel. Fenster bersten. Messerscharfe Bombensplitter fliegen durch die Luft, Gebäudeteile auf die Straße. In der ganzen Stadt ist die Explosion zu hören. Brandgeruch hängt in der Luft. Es sollte die „kontrollierte Sprengung" einer Bombe aus dem Zweiten Weltkrieg werden, weil

Janne Weinzierl an der Stelle, wo sich die Kultkneipe Schwabinger 7 befand.

eine Entschärfung des chemischen Langzeitzünders nicht möglich war. Die enorme Detonationskraft überrascht dann aber selbst die Spezialisten. „Nach der Sprengung der Fliegerbombe sind mehrere Dachstühle in Brand geraten", berichtet der Münchner Merkur im Live-Ticker. Löschzüge und Rettungswagen rasen durch Schwabing, Helikopter kreisen über dem Gebiet. 23.51 Uhr. Entwarnung: „Die Brände infolge der gezielten Sprengung der Fliegerbombe sind unter Kontrolle."

Knapp 24 Stunden vorher, Montag, 27. August 2012, 22.30 Uhr. Es klingelt Sturm an der Tür von Janne Weinzierl. Die Münchnerin hört Lautsprecherdurchsagen: „Diese Straße muss aufgrund einer akuten Gefahrensituation geräumt werden. Bitte verlassen Sie sofort Ihre Wohnungen." Einen Apfel und eine Flasche Wasser steckt sie ein, alles andere lässt sie in der Wohnung zurück. „Ich dachte, in wenigen Stunden käme ich zurück." Doch aus wenigen Stunden werden fast zwei Tage. Die erste Nacht verbringen die Weinzierls auf den Straßen Schwabings. Wie für die meisten der rund 2500 evakuierten Anwohner ist an Schlaf nicht zu denken. Erst als feststeht, dass die Evakuierung länger dauern wird, quartieren sich Münchner bei Verwandten ein. Wer niemanden hat, bei dem er unterschlüpfen kann, wird in Notunterkünften untergebracht. Schwabing sei wie ausgestorben gewesen: „Es wurde in einem Umkreis von drei Kilometern evakuiert." U-Bahnen und Busse fahren nicht, Geschäfte bleiben geschlossen. Manche hätten die Warnungen ignoriert, seien in ihrer Wohnung geblieben und hätten so getan, als seien sie nicht zuhause, erinnert sich Weinzierl: „Ich glaube, einige Leute haben die Gefahr unterschätzt."

Eine Gefahr, die jahrzehntelang im Erdreich schlummerte. Entdeckt wird sie durch bloßen Zufall: „Die Kneipe Schwabinger 7 sollte abgerissen werden", erzählt die Münchnerin. Die Nachricht löst einen Sturm der Entrüstung aus. „Es wurde heftig protestiert, unter anderem mit einem Konzert auf der Münchner Freiheit." Die Schwabinger 7 war Kult! Erste Annäherungsversuche, emotionale Gespräche nach durchzechten Nächten, der letzte Absacker: „Es war eine Absturzkneipe, in der es heiß herging", erinnert sich Janne Weinzierl. Wie heiß es allerdings hätte werden können, hätte sich sicher nicht einmal der fantasievollste Nachtschwärmer ausmalen können. Rund 60 Jahre wurde in der Schwabinger 7 auf einer höllischen Fliegerbombe mit tückischem Säurezünder gefeiert. Man entdeckt die tickende Zeitbombe erst, als die Baracke an der Feilitzschstraße 7 allen Protesten zum Trotz abgerissen wird.

> Ein Blick in die Welt...
> ... vom 28. August
>
> Am 28. August 1833 schafft das Britische Empire die Sklaverei ab.

Welch eine durchschlagende Wirkung das Kriegsrelikt hatte, erkennt Janne Weinzierl, als sie am Mittwoch, 29. August, in ihre Wohnung zurückkehrt: „Alle Schaufensterscheiben in der Umgebung waren kaputt." Bis zu 1,5 Kilogramm schwere Bombensplitter liegen herum. Ein riesiger Krater klafft an der Stelle, an der sich einst die Kultkneipe befand. Viele Gebäude sind stark beschädigt. Die Weinzierls selbst können wie die meisten anderen Evakuierten in ihr glücklicherweise unversehrtes Zuhause zurückkehren. Auch dort, wo einst die Schwabinger 7 war, sind heute Wohnungen, eine schicke Lichtinstallation erinnert an die ehemalige Absturzkneipe. Was bleibt, ist ein verändertes Bewusstsein, sagt Janne Weinzierl: „Spuren des Kriegs sind immer noch vorhanden."

Annina Baur

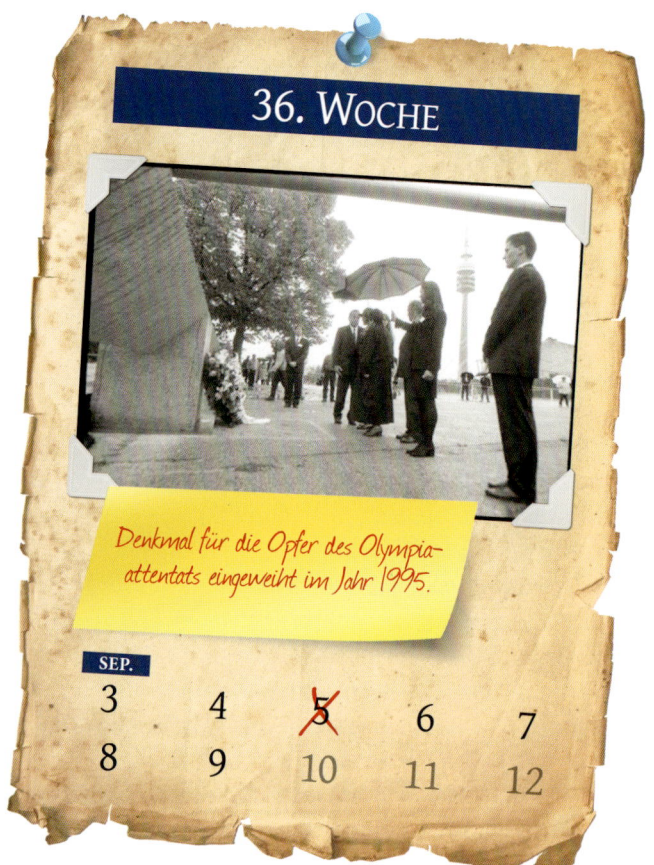

36. WOCHE

Denkmal für die Opfer des Olympia-attentats eingeweiht im Jahr 1995.

SEP.
3 4 ̶5̶ 6 7
8 9 10 11 12

05. September 1972

Olympischer Traum wird zum Albtraum

Es ist kurz nach halb fünf Uhr morgens, als acht Männer sich Zutritt zu den Appartements in der Connollystraße 31 verschaffen. Die Mitglieder der palästinensischen Terrororganisation „Schwarzer September" sind mit Sturmgewehren vom Typ AK-47 bewaffnet und wollen die israelische Olympiamannschaft in ihre Gewalt bringen. In jenen Tagen schaut die ganze Welt auf München: Zum ersten Mal seit den Olympischen Spielen in Berlin 1936 zur Zeit des Nationalsozialismus finden Olympische Spiele wieder in Deutschland statt. „Die Terroristen hatten es leicht, in die Appartements einzudringen", erzählt die Münchnerin Rita Hegmann, die damals zwar in England war, doch die Ereignisse in ihrer Heimatstadt entsetzt über das Fernsehen verfolgte. „Man wollte zeigen, dass in Deutschland eine Demokratie entstanden ist, die nichts mehr zu tun hat mit der Propagandamaschinerie eines totalitären Staates, die sich in den Olympischen Spielen 1936 in Berlin unter Hitler zeigte. Im Sinne des neuen liberalen Geistes gab es auch kaum Sicherheitsvorkehrungen." Elf Geiseln bringen die Männer in ihre Gewalt: Die Gewichtheber David Mark Berger, Josef Romano und Zeev Friedman, den Ringer-Kampfrichter Yossef Gutfreund, die Ringer Eliezer Halfin und Mark Slavin, den Fecht-Trainer André Spitzer, den Leichtathletik-Trainer Amitzur Schapira, den Schützen-Trainer Kehat Shorr, den Gewichtheber-Kampfrichter Yakov Springer und den Ringer-Trainer Mosche Weinberg.

Letzterer wird um 4.45 Uhr niedergeschossen. Kurz darauf treffen die Kugeln auch Romano. Es dauert bis 5.21 Uhr, bis Polizei, Organisationskomitee und Rettungsdienst alarmiert werden. Der Bürgermeister des olympischen Dorfes, Walther Tröger, und NOK-Präsident Willi Daume nehmen vor Ort die Verhandlungen auf. Die Terroristen stellen ein Ultimatum, dann ein zweites bis 12 Uhr. 200 Palästinenser, die in israelischer Gefangenschaft sind, sollen freigelassen werden. Außerdem verlangen sie freies Geleit für sich und die Geiseln. Sie wünschen, mit einem Flugzeug in eine arabische Hauptstadt geflogen zu werden. „Sie haben gedroht, die Geiseln sofort zu erschießen, wenn ihre Bedingungen nicht erfüllt werden", sagt Rita Hegmann. Um 11.58 Uhr wird das Ultimatum bis 13 Uhr, dann bis 15 und 17 Uhr verlängert. Mehrere Politiker, darunter auch Bundesinnenminister Hans-Dietrich Genscher (1927-2016), bieten sich als Ersatzgeiseln an, was von den Terroristen aber abgelehnt wird. Währenddessen laufen die Spiele ganz normal weiter. „Man wollte sich dem Terrorismus nicht beugen, erst am Nachmittag sind sie unterbrochen worden", verdeutlicht Rita Hegmann die Haltung der Verantwortlichen.

Das Ultimatum wird erneut verschoben. Unterdessen versucht man, die Geiseln zu befreien. „Doch es sind viele Fehler gemacht worden", bedauert die Stadtführerin, „man hatte den Terroristen nicht den Strom abgestellt, weshalb sie aus Radio und Fernsehen von den Befreiungsversuchen erfuhren." Dem Schein nach stimmt die deutsche Seite zu, die Bedingungen zu erfüllen. Genscher wird zu den Geiseln durchgelassen. „Sie sollten mit den Terroristen mit dem Hubschrauber in die ägyptische Hauptstadt fliegen", sagt die Münchnerin. Und tatsächlich brechen die Attentäter mit den Geiseln um 22.22 Uhr mit Hubschraubern zum Fliegerhorst Fürstenfeldbruck auf, wo eine Boeing – allerdings mit fast leerem Tank – bereitsteht. Und dann geht alles schief: Die Männer vor Ort hatten bis dahin gedacht, dass es nur fünf und nicht acht Geiselnehmer gibt. Deswegen sind nur fünf Scharfschützen postiert, man will die Terroristen nämlich keineswegs ziehen lassen, sondern angreifen. Bei diesen „Scharfschützen" handelt es sich aber um einfache Streifenbeamten. „Hinsichtlich Personal und der Bewaffnung war die Polizei einfach sehr schlecht ausgerüstet", stellt Rita Hegmann fest.

> Ein Blick in die Welt...
> ... vom 5. September
>
> Am 5. September 1939 erklären sich die Vereinigten Staaten und Japan als neutral im „europäischen Krieg".

Als die Terroristen im Flieger sind, eröffnet die Polizei das Feuer. Aufgrund der schlechten Ausrüstung gibt es nur wenige Treffer, die Terroristen schießen zurück. Aus der Stadt treffen Panzerfahrzeuge ein. Die Öffentlichkeit erfährt über eine um 23.35 Uhr verbreitete Fehlmeldung, die Geiseln seien befreit worden und die meisten Terroristen tot. Doch davon kann ganz und gar keine Rede sein: Auf dem Flugplatz liefert man sich weiterhin heiße Gefechte. Dann beginnt einer der Terroristen auf die Geiseln zu schießen. Im ersten Hubschrauber stirbt eine Geisel durch eine Handgranate. Auch die Geiseln im zweiten Hubschrauber werden während des Gefechts getötet. Der Münchner Polizeiobermeister Anton Fliegerbauer wird ebenfalls von einer Kugel tödlich getroffen. Die atemlos vor den Fernsehern ausharrende Öffentlichkeit erfährt um 2.40

Uhr von dem tragischen Ausgang. Dem Attentat folgen mehrere israelische Vergeltungsschläge, bei denen sowohl noch lebende Attentäter als auch Unschuldige sterben.

Zwölf Tage später findet im Olympiastadion eine Gedenkfeier statt, an der 80.000 Menschen teilnehmen. Die olympische Flagge weht auf Halbmast, ebenso wie die meisten anderen Flaggen. Für Rita Hegmann ist neben dem Tod der Opfer auch das besonders tragisch: „Man hat große Hoffnungen in die Olympischen Spiele gesetzt. Das Attentat überschattete die freundlichen Spiele. Die Stadt hieß die Welt willkommen und gab sich ein neues Gesicht. Das großartige Olympiastadion und die erste große Fußgängerzone in Deutschland sind dafür ein Beleg." Vor allem aber sollen die Olympischen Spiele für Freiheit, Demokratie und Frieden stehen. Und gerade diese Spiele, die ersten deutschen Spiele nach Berlin, nach der Hitlerherrschaft, sind dann so grausam unterbrochen worden.

Gedenktafel für die Opfer des Attentats.

Eva-Maria Bast

Das Plattencover zeigt die Rolling Stones bei ihrer ersten Deutschland-Tournee 1965.

14. September 1965

Die Rolling Stones kommen nach München

Fünf Minuten vor Konzertbeginn. Mick Jagger linst durch den Vorhang, um zu sehen, ob der Saal voll ist. Eine Frau erblickt den Stones-Oberboss und kreischt. „Eine Viertelstunde dauerte der Schreikrampf einer Konzertbesucherin", erzählt Herbert Hauke, der das Münchner Rock-Museum im Olympiaturm betreibt. Ihr Begleiter findet das gar nicht lustig, entgehen ihm doch, während er versucht die Dame zu beruhigen, die ersten Minuten eines legendären Konzerts. Am 14. September spielen die Rolling Stones im Circus Krone. Die Musiker dürften sich über den Gefühlsausbruch gefreut haben: „Der Empfang der Band am Flughafen war verhalten, es kamen nur wenige Fans", sagt Hauke. „Ein Polizist schätzte die Zahl der Wartenden auf ‚vielleicht 80 Deppate'", berichtet die Süddeutsche Zeitung am 15. September 1965. „Was an Fans zuwenig kam, war an Polizisten zuviel da. Die ganze Gegend des Flughafens sah aus, wie wenn vor der Ankunft eines südamerikanischen Diktators eine telephonische Drohung eingegangen wäre, es sei ein Attentat geplant. 160 Polizisten waren in Grüppchen auf die strategisch wichtigen Punkte verteilt. Zwei Wasserwerfer, ein Polizeireiter und Hundeführer warteten – dezent hinter Gebäuden versteckt – auf Ausschreitungen. Im Fernsehübertragungswagen der Polizei musste der Kameramann verzweifelt nach Motiven suchen", so die Zeitung weiter. Das Missverhältnis von Aufwand und Anlass führen die Zuständigen auf Uhrzeit (vormittags um 10 Uhr) und Wetter zurück: Es gießt in Strömen, als die fünf langhaarigen Engländer erstmals in München landen.

Herbert Hauke ist Musik-Experte und hat das Münchner Rock-Museum gegründet.

Herbert Hauke vermutet, dass viele Münchner gar nicht gewusst haben, wer da in die Stadt kommt: „Es gab damals kaum Medien, die Jugendliche mit Informationen aus der Musikszene versorgt haben." Ebenso unvorstellbar: Die Eintrittskarte kostete 1965 gerade einmal 6,90 Mark. Zum Vergleich: „Als die Stones im Jahr 2000 in München spielten, lag der Schwarzmarktpreis für ein Ticket bei 2000 Euro."

Der erste Auftritt der Rolling Stones in München – in mehrfacher Hinsicht ein bemerkenswertes Datum: „Es war das erste große

Beat-Konzert der Stadt", erklärt der Musikexperte. Die Leute müssen erst einmal den Konzertbesuch lernen: „Bis zu diesem Zeitpunkt spielten Bands wie die Stones und die Beatles vor 200 bis 300 Zuschauern. Ihre Musik war bis dato ein Nischenprodukt, das in kleinen Spelunken gespielt und konsumiert wurde. Erst Mitte der 60er-Jahre kommt die Beat-Musik in Fahrt, plötzlich werden aus den Liedern der Bands dieser Zeit Nummer-Eins-Hits." Mit dem Veranstaltungsort Circus Krone gehen die Veranstalter ganz neue Wege. Als Tanzveranstaltung werden die ersten Konzerte deklariert – man hat noch keinen Namen für das Neue, das da vor rund 3000 Besuchern aufgeführt wird. Der Auftritt ist ein Erfolg: „Der Circus Krone war zum Bersten voll", berichtet die Süddeutsche Zeitung. „In den Rängen wogten die Zuschauer, Jacken und Hemden flogen durch die Luft, ‚Welcome'-Plakate wurden geschwenkt."

Der 14. September markiert auch den Beginn einer fünf Jahrzehnte dauernden Musikfreundschaft: „Die Stones fühlten sich schnell heimisch in München", erzählt Herbert Hauke, der die Band als 18-Jähriger sogar persönlich kennenlernte. „In den 90er-Jahren konnte man im Englischen Garten schon mal Mick Jagger beim Joggen begegnen." Die Band steigt regelmäßig im Hotel Vier Jahreszeiten ab und nimmt in Bogenhausen Platten auf, Keith Richards und Mick Jagger genießen ihre Affären mit dem Münchner Model Uschi Obermaier. Bis heute füllen die Rolling Stones Hallen in München, noch acht Mal ist die Bayernmetropole Station ihrer Deutschland-Tourneen. Manches hat sich aber auch geändert: „Haben die Stones damals Groupies abgeschleppt, finden sich heute hinter der Bühne eher Fitnessgeräte, ein Masseur und Fruchtsäfte", erzählt Hauke schmunzelnd. Man wird halt nicht jünger.

....

Annina Baur

> **Ein Blick in die Welt...**
> **... vom 14. September**
>
> Am 14. September 1770 wird in Dänemark die unbeschränkte Pressefreiheit eingeführt.

Der Steyrer Hans war ein Münchner Original und gilt als Begründer des Einzugs der Festwirte.

22. September 1934

Aus einem Werbegag wird eine Tradition

Der Einzug der Wirte ist ein Höhepunkt des Oktoberfests (siehe Kalenderblatt 42). Was heute nicht wegzudenken ist und jedes Jahr Tausende Zuschauer anlockt, hat sich im Lauf der Zeit entwickelt: „Die Tradition hat sich in den 30er-Jahren herausgebildet und etabliert", sagt Kerstin Dufner, Stadtführerin und Eventmanagerin. Festlich geschmückte Gespanne

Kerstin Dufner führt regelmäßig Besucher über das Oktoberfest.

ziehen am 22. September 1934 durch die Innenstadt. Ihr Ziel ist die Theresienwiese, symbolisch bringen sie das Bier aufs Oktoberfest. Es dürfte einer der ersten Festzüge sein, an dem sich alle Brauereien beteiligen. Für das Jahr 1925 ist erstmals ein gemeinsamer Einzug der Wiesenwirte von Löwen-, Pschorr- und Thomasbrauerei belegt, 1933 setzen sich die Behörden dafür ein, dass alle Wirte am Umzug teilnehmen. Erfunden hat es aber ein anderer, und zwar schon viel früher: „Der Steyrer Hans zog schon 1887 mit festlich geschmückten Wagen in Richtung Theresienwiese, aber er ist dort nie angekommen." Die Polizei unterbindet das Vorhaben auf halber Strecke, doch die Grundidee des Wirteeinzugs war geboren!

„Ursprünglich war es ein Werbegag", erzählt Dufner. Der Steyrer Hans (1849-1906) ist nämlich ein schlauer Fuchs, der sich von seiner Konkurrenz abheben will, als er 1887 endlich ein Bierzelt auf dem Oktoberfest bekommt. Jeder soll wissen, dass er jetzt Wiesn-Wirt ist! Also lädt er Bierfässer, seine Familie, Schankburschen und Kellnerinnen auf einen Vierspänner und sieben geschmückte Zweispänner. Von Giesing aus macht er sich auf den Weg, doch die Polizei stoppt die Kolonne. Der Wirt wird wegen „groben Unfugs" und „Störung der öffentlichen Ordnung und Sicherheit" zu einer Strafe von 100 Goldmark verurteilt. Er kocht vor Wut und sagt bei der Gerichtsverhandlung: „Da hoaßt's allaweil, ma soi was doa. Und wenn ma nacha was duad, nacha konnst blecha, daß ois kracht."

Beeindrucken lässt er sich aber nicht von der Justiz: „Im folgenden Jahr machte er sich, trotz Androhung derselben Strafe, mit seinen Wagen wieder auf den Weg", berichtet die Stadtführerin. Von der Polizei lässt er sich diesmal nicht aufhalten, obwohl er noch in der Kutsche den nächsten Strafbefehl erhält. „1888 erreicht er die Theresienwiese, der erste Einzug eines Festwirts war vollbracht!"

Er ist ein Münchner Original: „Der Steyrer Hans wurde auch als Wiesn-Herkules bezeichnet", erzählt Dufner. Sie nannten ihn „Kraftmensch", „stärksten Mann der Welt", „Urviech" oder „Urgewalt", um nur einige Superlative aufzuzählen. Klein und gedrungen, aber bärenstark und muskelbepackt ist der Metzger mit dem überdimensional großen Schnurrbart. Als „stärkster Mann Bayerns" tritt der Münchner auf den Jahrmärkten im ganzen Land auf. „Er soll einen 528 Pfund schweren Stein mit nur einem Finger gehoben haben", erzählt die Stadtführerin. Nicht minder spektakulär: Auch eine Trambahn samt Insassen habe er einmal aus dem Gleis gehoben und im Deutsch-Französischen Krieg mit Kanonenkugeln jongliert, berichtet der Münchner Merkur. Der Steyrer Hans gilt als „oberbayerisches Weltwunder".

Doch das Kraftpaket hat auch Köpfchen, das beweist er nicht nur mit seiner ungewöhnlichen Werbestrategie, die den Einzug der Festwirte begründete. „Sein Wirtshaus Zum bayerischen Herkules war ein Treffpunkt für sogenannte Kraftmenschen", weiß Kerstin Dufner. Mit seiner Mischung aus Live-Entertainment und Bewirtung lockt er die Massen an – sowohl in seinem Gasthaus als auch auf der Wiesn. Und dass diese Mischung gut ankommt, kann man jedes Jahr beim Oktoberfest erleben.

> **Ein Blick in die Welt...**
> **... vom 22. September**
>
> Am 22. September 1862 verkündet Präsident Abraham Lincoln das Ende der Sklaverei in den Südstaaten der USA. Die endgültige Abschaffung erfolgt erst 1865.

Annina Baur

24. September 1982

„Hurra! Der Pumuckl ist da!"

Wie viele Kinderherzen hat er verzaubert – und die der Eltern gleich dazu, der kleine rothaarige Kobold aus München namens – richtig! Pumuckl! Es ist der 24. September 1982, als der kleine Kerl am Leimtopf von Schreinermeister Eder kleben bleibt und damit für den alten Münchner sichtbar wird. Genauer: Es ist am 24. September 1982, dass Bayern diese Szene sieht, in der Schreinermeister Eder gar nicht mehr weiß, wo ihm der Kopf steht! Einfach alles geht schief, ständig fällt etwas herunter, finden tut er auch nichts mehr – und dann klebt plötzlich ein kleiner Kobold mit rotem Haarschopf an seinem Leimtopf! „An diesem Tag wurde die erste Folge der 52-teiligen Pumuckl-Fernsehserie ausgestrahlt, die eigentlich in allen Münchner Familien eine große Rolle spielte", erzählt Rita Hegmann, die unzählige der Serien gemeinsam mit ihren Kindern geschaut hat.

Doch zurück zum Schicksal des Schreinermeisters. Der traut seinen Augen nicht, als er den Kleinen am Leimtopf zappeln sieht, und muss von diesem Ereignis gleich am Stammtisch erzählen. Dort wird er ausgelacht. Und als er nach Hause geht, glaubt er selbst nicht mehr daran. Doch der Kobold sorgt dafür, dass Meister Eder ganz schnell wieder an ihn glaubt. Sonderlich glücklich damit, dass er nun sichtbar sein muss, ist der kleine Kerl nicht. Dann passieren nämlich lauter unangenehme Dinge – zum Beispiel bekommt man Hunger. Was aber wiederum den Vorteil hat, dass man Schokolade essen kann. Und die lernt der kleine Kobold heiß und innig lieben. Es dauert auch nicht lange, bis der Schreinermeister ihn tief in sein Herz schließt – in den Folgeserien wird er ihm ein Bettchen bauen, einen Pullover stricken lassen und ihn, wenn er unartig ist, in die Schublade sperren. Die Beziehung zwischen Meister Eder und seinem Pumuckl ähnelt der Beziehung zwischen Vater oder Großvater und Kind. Nur dass der Pumuckl eben kein Kind, sondern ein Kobold und für alle, außer dem Meister Eder, unsichtbar ist. Was zur Folge hat, dass viele den Meister Eder für einen schrulligen Alten halten – an den Pumuckl glaubt keiner. Abgesehen von dem einen oder anderen Kind, Eders Nichte Bärbel zum Beispiel ist davon überzeugt, dass es den kleinen Kobold wirklich gibt.

Rita Hegmann hat mit ihren Kindern unzählige Pumuckl-Folgen angeschaut.

Die Geschichten vom Pumuckl gibt es schon wesentlich länger als die Fernsehsendung: Die Autorin Ellis Kaut (1920-2015) erfand den kleinen Kerl im Jahr 1962 für eine Hörspiel-Serie des Bayerischen Rundfunks. Am 21. Februar 1962 wird die erste Folge – Spuk in der Werkstatt – ausgestrahlt. Die letzte fast zwölf Jahre später am 30. Dezember 1973: Pumuckl lernt einen anderen Klabauter kennen und kehrt mit ihm ins Klabauterreich zurück – Meister Eder ist nun allein. Deutschlands Kinder und Eltern trauern, sind empört, es gibt heftige Beschwerden. Meister Eder und sein Pumuckl, so die allgemeine Ansicht, dürfen nicht getrennt werden.

> **Ein Blick in die Welt...**
> **... vom 24. September**
>
> Am 24. September 1869 kommt es an der Wall Street zum ersten Schwarzen Freitag – einem Börsencrash, der durch Goldspekulationen verursacht wird.

Bücher vom Pumuckl gibt's auch und die Hörspiele kann man später (und immer noch) auch auf Kassette und schließlich auf CD erwerben, sie verkürzen viele lange Fahrten und führen zu fröhlichen Stunden in Deutschlands Autos. Und dann startet 1982 also die Fernsehserie. Später wird es noch einen Film und Wiederholungen der Serie geben.

„Für mich war und ist Pumuckl ganz viel Münchner Gefühl, so, wie die Stimmung rüberkam beim Pumuckl, so war das Münchner Leben außerhalb der Schicki-Micki-Szene wirklich", sagt Rita Hegmann, „denn der Gustl Bayerhammer, der den Meister Eder gespielt hat, das ist einfach so ein richtiger Münchner. Ich fand die Stimmen auch immer ganz toll, auch von Hans Clarin, der den Pumuckl sprach." Und wer den kleinen Kerl einmal singen hörte, dem geht das Lied nicht mehr aus dem Kopf und aus dem Herzen. „Hurra, Hurra, der Kobold mit dem roten Haar, Hurra, Hurra, der Pumuckl ist da!"

Eva-Maria Bast

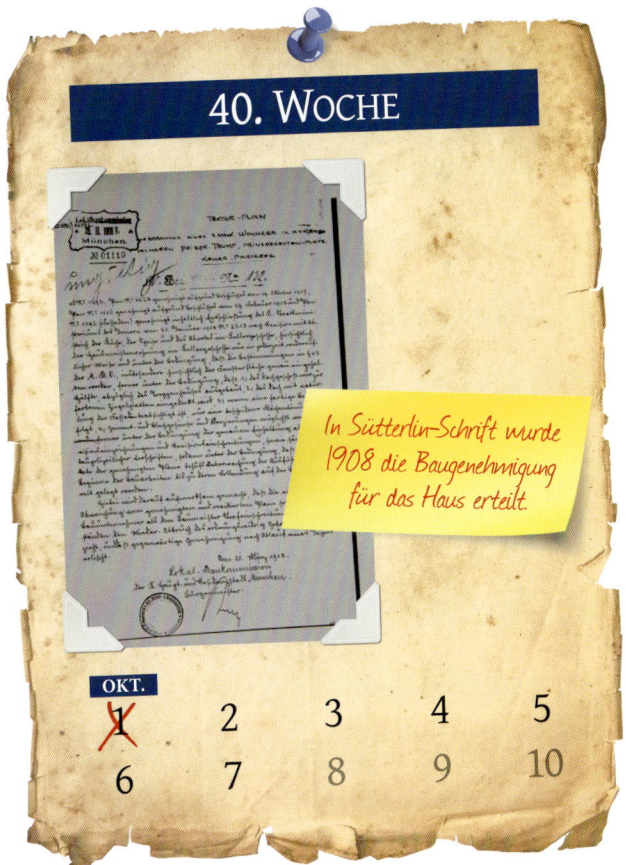

In Sütterlin-Schrift wurde 1908 die Baugenehmigung für das Haus erteilt.

01. Oktober 1929

Vier Wände für einen Diktator

Erker, Balkone und Giebel: Der Prinzregentenplatz 16 ist zweifelsohne ein sehr schönes Gebäude. Und ein besonders sicheres noch dazu, hier befindet sich die Polizeiinspektion 22. Doch hinter der schmucken, hell gestrichenen Fassade verbirgt sich eine sehr dunkle Geschichte. Am 1. Oktober 1929 zog Adolf Hitler (1889-1945) in eine Wohnung im zweiten Stock. Seine

Dieter Vögele vor seiner früheren Arbeitsstelle, der Polizeiinspektion 22, am Prinzregentenplatz.

ehemalige Vermieterin, Maria Reichert, nahm er gleich mit, damit sie ihm den Haushalt führt. 4176 Reichsmark Jahresmiete kostete die fast 400 Quadratmeter große Neun-Zimmer-Wohnung.

Doch von Anfang an: 1908 wird der Jugendstil-Architekt Franz Popp beauftragt, drei Gebäude zu entwerfen. „Die Baugenehmigung in Sütterlin-Schrift wird noch im selben Jahr erteilt", erzählt Dieter Vögele, Polizist im Ruhestand und Hobby-Historiker, der die Geschichte des Hauses rekonstruiert und dokumentiert hat. Die sich aneinander schmiegenden Gebäude Prinzregentenplatz 16 und 18 und Grillparzer Straße 53 entstehen als Ensemble, während sich Bogenhausen insgesamt zum exklusiven Villenviertel herausputzt: „München hörte zu dieser Zeit links der Isar auf", weiß Vögele. Rasant werden die unbebauten Flächen verkauft und zu einem vornehmen Villenviertel. „Einer wollte den anderen übertrumpfen", erklärt er die hohe Dichte an Erkern und Türmchen, die den Stil der Gegend prägen. Viele bekannte Persönlichkeiten schaffen sich dort ihr Zuhause, darunter Schriftsteller Thomas Mann, Ingenieur Rudolf Diesel und Brauereibesitzer Georg Pschorr.

Das Haus am Prinzregentenplatz 16 wechselt in den ersten Jahren vielfach den Besitzer. Bemerkenswert – und unschön – wird die Geschichte 1929 mit dem Einzug Adolf Hitlers. Wenig später zieht Geli Raubal, Hitlers Nichte, zu ihm. „Es ist nicht ganz klar, wie das Verhältnis der beiden war." Damit bezieht sich Vögele auf Gerüchte, die Nichte habe ihrem von ihr vergötterten Onkel Alf als Nacktmodell gestanden. Hitler, der als junger Mann Maler werden wollte, fertigte viele Zeichnungen und Aquarelle an. „Doch die Bilder von Geli Raubal könnten auch Fälschungen sein", meint der Münchner.

Mindestens ebenso mysteriös bleibt der Selbstmord Geli Raubals: „Am 18. September 1931 wurde ihre Leiche im Wohnzimmer entdeckt", erzählt der ehemalige Polizist. Der Schuss durch die Lunge tötet die junge Frau nicht, sondern „sie stürzte so unglücklich vom Sofa und fiel aufs Gesicht, dass sie an ihrem eigenen Blut erstickte". 17 Stunden soll der grausame Todeskampf gedauert haben, schließlich findet die Haushälterin den leblosen Körper. Was die junge Frau in den Selbstmord getrieben haben könnte, bleibt unklar. Keiner kann sich einen Reim darauf machen, was Geli Raubal zu einer in einem unverschlossenen Schrank verwahrten Pistole greifen lässt. „Sie war in letzter Zeit sehr aufgeregt", gibt Maria Reichert zu Protokoll. Es gibt Gerüchte über Streitigkeiten, Eifersucht und verschmähte Liebe. „Auch die SS hatte man im Verdacht, involviert zu sein, könnte sie doch befürchtet haben, dass sich ihr Führer von dem jungen Mädchen ablenken ließ", berichtet Vögele. Doch all das ist Spekulation, denn „die Hintergründe werden nie aufgeklärt". Die Leiche Geli Raubals wird unauffällig durch das damals noch bestehende Personaltreppenhaus abtransportiert und in ihrer Heimat Österreich auf dem Ostfriedhof Wien in einer Notgruft bestattet. Hitler macht das frühere Zimmer seiner Nichte zu einer Art Gedenkstätte.

> Ein Blick in die Welt...
> ... vom 1. Oktober
>
> Am 1. Oktober 1956 beginnt die ARD mit der werktäglichen Ausstrahlung der Tagesschau, die bis dato nur drei Mal wöchentlich gezeigt wurde.

1936 kauft die NSDAP das ganze Haus für ihren ersten Mann, die Wohnung bleibt Hitlers Privatadresse bis zum 30. April 1945, dem Tag, an dem der Massenmörder und seine kurz zuvor angetraute Frau Eva Braun in Berlin Selbstmord begehen. München ist Hitlers Lieblingsstadt. 1920 wird hier die NSDAP gegründet und aufgebaut. Sie geht aus der DAP (Deutsche Arbeiter Partei) hervor, die Hitler in seinem Sinne umbaut. 1935 verleiht er der Stadt den Titel „Hauptstadt der Bewegung". Auch nach der Machtergreifung bleibt die Stadt Sitz der Reichsleitung der Partei, die sich hier bevorzugt mit Veranstaltungen selbst inszeniert, die von Reden im Bürgerbräukeller (siehe Kalenderblatt 44) bis zu pompösen Festzügen reichen.

Heute erinnert am Prinzregentenplatz nur noch der eichenholzvertäfelte Luftschutzbunker an dieses schwarze Kapitel der deutschen Geschichte. „Fast fünf Tonnen Stahl wurden im Keller verbaut, Hitler nutzte den Bunker aber kein einziges Mal", weiß Vögele. Das Eichenfurnier wird erhalten, es weist auf die „Biederkeit" der Nazis hin, befindet das Landesamt für Denkmalpflege. Auch Details, wie zum Beispiel die Türgriffe aus Messing, werden als erhaltenswert eingestuft: „Die konservative, auf Repräsentation bedachte Materialwahl (...) weist auf die Ideologie des Dritten Reichs hin", heißt es im Bericht des Amts.

Nach dem Krieg erbt der Freistaat Bayern Hitlers Besitz, das Haus am Prinzregentenplatz 16 wird zu einem Ort von Recht und Ordnung. Zunächst besetzen US-Soldaten das Gebäude, 1946 geht das Haus an das Landesamt für Vermögensverwaltung und Wiedergutmachung. Von 1965 bis 1968 ist die Landespolizeidirektion von Oberbayern am Prinzregentenplatz zuhause, am 1. Januar 1969 zieht das Polizeiverwaltungsamt mit der zentralen Bußgeld- und Beihilfestelle dort ein. Den vorläufigen Endpunkt erreicht die wechselvolle Geschichte am 21. April 1998, als die Polizeiinspektion 22 einzieht. In Hitlers ehemaligem Schlafzimmer stehen heute Spinde der Umkleide für die Beamten, das Wohnzimmer ist ein Schulungsraum.

Annina Baur

41. WOCHE

Rokoko in Reinform: Im Alten Residenztheater konnten Bühne und Zuschauerraum auf eine Ebene gebracht werden, um rauschende Feste zu feiern.

OKT.				
8	9	10	11	~~12~~
13	14	15	16	17

12. Oktober 1753

Bühne frei, Vorhang auf!

Kann das wirklich Zufall sein? Oder gibt es einen Zusammenhang? „Das weiß man leider nicht", sagt Dr. Claudia Blank, Direktorin des Deutschen Theatermuseums. Sicher ist: „Der 12. Oktober ist von außergewöhnlicher Bedeutung für die Münchner Theatergeschichte." Gleich zwei wichtige und bis heute bedeutende Bühnen werden – freilich in unterschiedlichen Jahren – an diesem Tag eröffnet.

12. Jh. 13. Jh. 14. Jh. 15. Jh. 16. Jh. 17. Jh. **18. Jh.** 19. Jh. 20. Jh. 21. Jh.

Erste Theateraufführungen sind in München bereits für die zweite Hälfte des 16. Jahrhunderts belegt. Die Aufführung von Jesuitendramen unter freiem Himmel dient aber mehr der sittlich-moralischen Belehrung als der Ergötzung. Das ändert sich bald: Die erste Opernaufführung geht 1653 über die Bühne, wie vielerorts üblich in einem Saal der Residenz, dem St. Georgssaal. Von 1654 an kann Singspielen auch im Salvatortheater gelauscht werden. „Es war das erste frei stehende Opernhaus Deutschlands", erklärt die Museumsleiterin. Nichtsdestotrotz sei es relativ simpel und klein gewesen, sodass in München ein Jahrhundert später über den Bau eines größeren und repräsentativeren Hauses nachgedacht worden sei. „Den Ausschlag gab ein Brand in der Residenz, bei dem 1750 das Saaltheater im St. Georgssaal zerstört wurde." Ein Jahr später wird mit dem Bau eines Theaters neben der Residenz begonnen.

Und dann ist es endlich so weit: gespannte Stille. Die ersten Töne erklingen. Und schließlich hebt der Gesang an. *Catone in Utica*, eine Oper von Giovanni Ferrandini (1710-1791), ist das erste Stück, das am 12. Oktober 1753 im Alten Residenztheater, wie das Cuvilliés-Theater damals heißt, aufgeführt wird. Nur ein ausgewählter Kreis hat Zugang: „Es ist ein reines Hoftheater und wird zunächst nicht regelmäßig bespielt", berichtet die Theaterkennerin. Stattdessen werden darin mitunter rauschende Feste gefeiert, das Rokoko-Juwel des Architekten François de Cuvilliés (1695-1768) soll die absolutistische Herrschaft seines Auftraggebers repräsentieren: „Mithilfe einer speziellen Mechanik konnten Bühne und Zuschauerraum auf eine Ebene gebracht werden." Das Theater ist aber auch Schauplatz wichtiger musikalischer Ereignisse, 1781 wird dort *Idomeneo* von Wolfgang Amadeus Mozart uraufgeführt. Wenig später dürfen dann endlich alle Münchner ins Theater gehen. „1795 wird das Theater für die Öffentlichkeit geöffnet."

Das scheint gut anzukommen: „Schon vor 1800 gab es erste Überlegungen, ein neues, größeres Theater zu bauen", erzählt Blank. Konkret beauftragt Herzog Max IV. Joseph (1756-1825), ab 1806 König Max I. Joseph, im Jahr 1803 den Architekten Karl von Fischer (1782-1820), neben dem Alten Residenztheater ein weiteres Theatergebäude zu errichten. Der Grundstein wird 1811 gelegt, 1818 wird das Kgl. Hof- und Nationaltheater eröffnet. „Vorbild für das Gebäude war das Odéon in Paris", sagt die Theaterkennerin. Nur habe man das Münchner Theater gleich doppelt so groß gebaut: „Mehr als 2000 Plätze bei zu dieser Zeit 54.000 Einwohnern Münchens, das muss man sich mal vorstellen!" Doch das Glück ist nicht von langer Dauer: „1823 brennt das Theater während einer Aufführung ab", bedauert Claudia Blank. Dies verwundert kaum, bedenkt man, dass damals das ganze Haus mit Kerzen beleuchtet wurde.

Doch nun zeigen die Bürger Münchens, wie wichtig ihnen ihr Theater geworden ist: „Der Wiederaufbau wird von Stadt und Bürgern finanziert, und zwar durch den Bierpfennig", berichtet Blank. 850.000 Gulden müssen zusammenkommen. Die Menschen nehmen die zusätzliche Steuer in Kauf, um das Theater wieder zu beleben – und so kann es am 2. Januar 1825 wiedereröffnet werden. Der Architekt Leo von Klenze (1784-1864) ergänzt die für das Gebäude charakteristischen klassizistischen Säulen. „Die tempelartige Fassade – vorgeprägt durch den Berliner Architekten Karl Friedrich Schinkel – wird zum Standard für die Theater des 19. Jahrhunderts", erklärt Claudia Blank.

Zur Wiedereröffnung wird ein Aschenbrödel-Ballett gespielt, und auch die Aufführungen in den folgenden Monaten bringen keine sehr spektakulären Operninszenierungen. Doch das soll sich ändern: Im Juni 1825 wird *Crociato in Egitto* von Giacomo Meyerbeer (1791-1864) und im Dezember desselben Jahres *Euryanthe* von Carl Maria von Weber (1786-1826) gezeigt. Im weiteren Verlauf wird das Kgl. Hof- und Nationaltheater eine wichtige Stätte für das Werk Richard Wagners

Claudia Blank im Theatermuseum. Hinter ihr ist zu sehen, wie das Hof- und Nationaltheater vor dem Brand und dem Wiederaufbau aussah.

(siehe Kalenderblatt 25); uraufgeführt werden dort *Tristan und Isolde* (1865), *Die Meistersinger von Nürnberg* (1868), *Das Rheingold* (1869) und *Die Walküre* (1870).

Ein Ende findet alles Theaterspiel während des Zweiten Weltkriegs: Am 3. Oktober 1943 zerstören Bomben das Nationaltheater, am 18. März 1944 trifft es das Alte Residenztheater. Und doch leben beide Kulturstätten bis heute auf ihre Weise fort. Die Münchner setzen sich wieder für ihr Theater ein: „1951 gründete sich die Bürgerinitiative Freunde des Nationaltheaters zum Wiederaufbau. Am 21. November 1963 wird das nach Originalplänen wiedererrichtete Gebäude eröffnet", erzählt die Direktorin des Theatermuseums. Das Alte Residenztheater gibt es zwar nicht mehr, doch wird an derselben Stelle das „neue" Residenztheater am Max-Josephs-Platz gebaut. Und die originale Inneneinrichtung des Alten Residenztheaters ist heute im Cuvilliés-Theater zu finden! „Kurz vor der Zerstörung wurden die aus Holz bestehenden, kunstvoll verzierten Teile des Theaters demontiert und eingelagert." Wie durch ein Wunder blieben die Teile unversehrt, und so wurde gewissermaßen das alte Theater von François de Cuvilliés an anderer Stelle der Residenz wieder errichtet.

> Ein Blick in die Welt...
> ... vom 12. Oktober
>
> Am 12. Oktober 1492 entdeckt Christoph Kolumbus Amerika: Er erreicht die heutigen Bahamas, nennt die Insel, auf der er an Land geht, San Salvador.

Annina Baur

42. Woche

Ein Hochzeitsfest: der Ursprung des Oktoberfestes.

OKT.
15 16 ~~17~~ 18 19
20 21 22 23 24

17. Oktober 1810

Wie aus einer Hochzeit das Oktoberfest wurde

Was für ein Fest! Was für ein Tag! Was für ein Ereignis! „Ein heiterer Himmel wölbt sich heute über unsere Stadt und ladet uns zum Genusse eines Festes ein", schreibt der Zeitzeuge Jakob Beiel in einem Brief an einen Freund. Es ist mild für Mitte Oktober. Die Sonne scheint satt vom so typischen weißblauen Himmel, als Tausende Menschen zu

Grit Ranft im Dirndl auf dem Oktoberfestgelände.

der großen Wiese an den Stadtrand strömen, die am Folgetag den Namen „Theresiens Wiese" erhalten wird. Auch die Allgemeine Zeitung schreibt, dass das Fest „unter dem größten Jubel einer unermesslichen Volksmenge und bei der erwünschtesten Witterung" stattfinde. Für das Volk eine willkommene Abwechslung in diesen wirren Zeiten – schließlich stecken Bayerns Truppen (damals noch „Baiern" geschrieben) mitten in den Kriegen Napoleons, an dessen Seite sie als Verbündete kämpfen: 1806/07 gegen Preußen, 1809 gegen Österreich, 1812 gegen Russland und 1813 dann – gegen Frankreich (siehe Kalenderblatt 34).

Doch nun wird es ein Fest geben auf der Wiese am Stadtrand. Der Anlass: Ludwig I. von Baiern (1786-1868) und Prinzessin Therese von Sachsen-Hildburghausen heiraten! „Andreas Michael Dall'Armi hat als Major der Nationalgarde vorgeschlagen, ein Pferderennen zur öffentlichen Huldigung des Brautpaares zu veranstalten", erzählt Gästeführerin Grit Ranft. Als der Vorschlag dem König überbracht wird, ist dieser sofort hellauf begeistert. Allerdings findet es erst fünf Tage nach der Hochzeit statt. „Das Brautpaar sitzt gleich am Anfang der Rennbahn unter einer Art Baldachin, der mit Spitzen und Halbmonden verziert ist. Es war ein Zelt aus dem Osmanischen Reich, das der damalige Kurfürst Max Emanuel in den Türkenkriegen erobert hatte und das mit roten und gelben Teppichen ausgelegt war", schildert Grit Ranft. Um die Rennbahn herum stehen die Untertanen und bewundern das frisch vermählte Königspaar und die Pferde gleichermaßen. „Fast die ganze Bevölkerung von München nimmt an dem schönen Schauspiele Theil, das von dem lieblichsten Tage begünstigt wurde", begeistert sich Jakob Beiel. „Unzählige Scharen" hätten um die Rennbahn herum Platz genommen – man geht von 40.000 Besuchern aus, die diesem Ereignis beiwohnten – , „seit zwei Stunden ergießt sich in drei Armen der Menschenstrom aus der Stadt über die Ebene, ununterbrochene Kolonnen von Kutschen rollen dazwischen herbei". Auch zu Essen gibt es, der Augenzeuge berichtet von „Speisen und erquickende(n) Getränke(n)". Nach dem Bericht von Beiel frühstückt das Königspaar und wird anschließend von einer Gruppe von Kindern in Landestracht überrascht, die mit Blumen zum Königszelt ziehen und Lieder vortragen. „Es gab ganz viele Kinder, die in Landestracht gekommen sind. Das ist im Grunde der Anfang der Trachtenbewegung", erzählt Grit Ranft. „Man muss sich ja vorstellen, das Königreich Bayern war 1806 erst geschaffen worden. Die Schwaben kamen neu hinzu und die Franken auch. Beide fühlten sich noch nicht so recht integriert in dieses neue Bayern. Da kamen die Trachten in den bayerischen Landesfarben gerade richtig, um ein Gefühl der Identifikation zu schaffen."

Und dann, „nach 2 Uhr", geht das Pferderennen los: Die 30 Rennpferde werden „um die ganze drei Viertelstunden lange Bahn langsam herumgeführt, wechselnde Musikchöre und Gesänge kürzten den Zeitraum, dann theilte sich die vorreitende Kavallerie, und dahin flogen in gestrecktem Gallopp die Renner". Am Rand wird gewettet und mitgefiebert, die Aufregung ist groß, bei den Untertanen ebenso wie bei den „Allerhöchsten Herrschaften". 18 Minuten und 14 Sekunden dauert das Rennen, das dreimal um die Bahn führt. Anschließend strömen die Bürger auf das Feld. „Rennmeister und Preisträger zogen unter militärischem Pompe nach der Stadt zurück, und wurden mit lautem Jubel aller Orten empfangen, wohin sie die Menge begleitete", berichtet Beiel.

> Ein Blick in die Welt...
> ... vom 17. Oktober
>
> Am 17. Oktober 1933 erreicht der jüdische Physiker Albert Einstein mit seiner Frau Elsa die USA. Er wird nie wieder deutschen Boden betreten.

Und schon einen Tag später wird in einer Gaststätte in der heutigen Fußgängerzone, in der Kaufinger- oder Neuhauserstraße, ausgerufen, dass zu Ehren des Königs die Wiese von nun an Theresienwiese heißen soll.

„Mit dieser Hochzeitsfeier war das Oktoberfest geboren. Die Münchner waren so begeistert, dass man beschloss, es künftig jährlich stattfinden zu lassen", erzählt Grit Ranft. 1813 habe man dann allerdings aufgrund der Napoleonischen Kriege für ein Jahr ausgesetzt. Und von Jahr zu Jahr seien die Feste mehr erweitert worden. Es habe auch ein Bayerisches Zentral-Landwirtschaftsfest gegeben, bei dem die Landwirte die Möglichkeit hatten, ihre Zuchttiere vorzustellen. „Das haben wir immer noch alle vier Jahre als Landwirtschaftsfest", sagt Grit Ranft. Und das Oktoberfest, das in jedem Jahr ein Stück weiter wächst und zu dem in jedem Jahr noch ein paar mehr Attraktionen hinzukommen, hat statt einst 40.000 inzwischen rund 6 Millionen Besucher.

....

Eva-Maria Bast

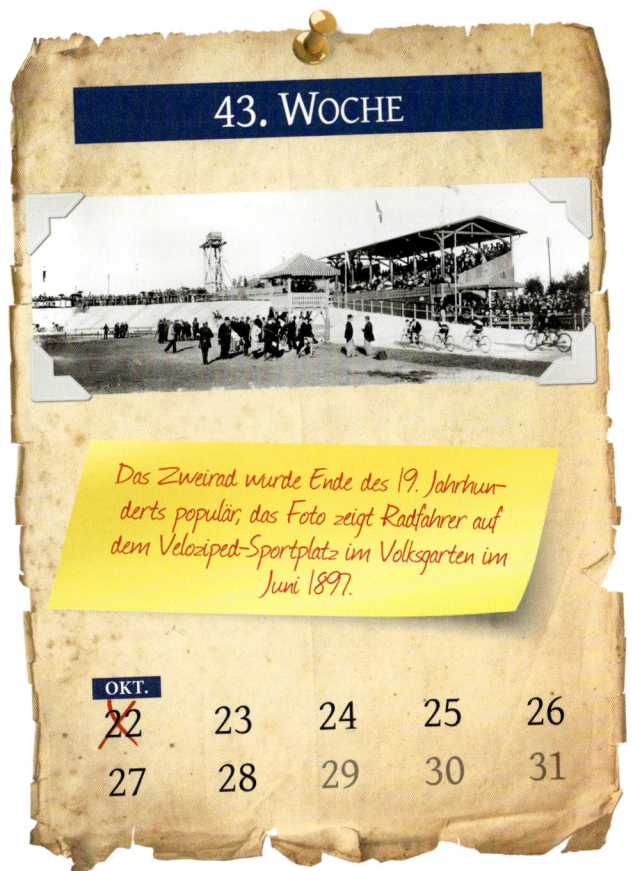

43. WOCHE

Das Zweirad wurde Ende des 19. Jahrhunderts populär, das Foto zeigt Radfahrer auf dem Veloziped-Sportplatz im Volksgarten im Juni 1897.

OKT.
~~22~~ 23 24 25 26
27 28 29 30 31

22. Oktober 1877

Das Leben auf zwei Rädern

Kleinasching bei Garmisch, 22. Oktober 1877. Überglückliche Eltern halten ihren neugeborenen Sohn in ihren Armen. Noch ahnt keiner, welch kleiner Kämpfer das Licht der Welt erblickt hat. Thaddäus Robl wird nicht nur einer der erfolgreichsten Sportstars seiner Zeit werden, sondern sich auch als Aviatiker, wie damals Piloten genannt werden, einen – wenn auch traurigen – Namen machen. All dies scheint unmöglich, betrachtet man die Kindheit des jungen Thaddy, wie ihn Verwandte und Freunde nennen. „Thaddäus Robl erkrankte als kleines Kind an Gehirntyphus und konnte sich bis ins Alter von neun Jahren kaum selbst fortbewegen", erzählt Florian Scheungraber, Mitarbeiter der Städtischen Friedhöfe München. Die Nervenkrankheit lähmte das Kind zeitweise so sehr, dass seine Mutter es mit einem Leiterwagen zur Schule bringen musste. „Doch Thaddäus wollte sich nicht bedauern lassen. Er wollte Radsportler werden."

Die Velozipede (schnelle Füße), wie Fahrräder damals genannt werden, sind Ende des 19. Jahrhunderts populär: „Günstiger als ein Pferd, ermöglichte das Fahrrad schnelle Fortbewegung", erklärt der Stadtkenner. Durch die Erfindung des Niederrads, das in den 1890er-Jahren das wacklige und für die Fahrer relativ gefährliche Hochrad ablöst, sinkt auch das Verletzungsrisiko. Spätestens um die Jahrhundertwende, als das Fahrrad für die meisten Menschen erschwinglich geworden ist, ist der Siegeszug des neuen Verkehrsmittels nicht mehr aufzuhalten. Von Anfang an dient das Fahrrad sowohl der Mobilität im Alltag als auch der sportlichen Ertüchtigung, die passenderweise ebenfalls Ende des 19. Jahrhunderts modern wird. Erste Fahrradclubs werden gegründet, in ganz Deutschland entstehen Velodrome, in denen Radrennen ausgetragen werden.

Diese Rennfahrer sind Thaddys Vorbilder. Sobald es dem Jungen besser geht, übt er auf dem Hochrad seines Vaters heimlich Radfahren. Mit 15 Jahren bekommt er ein eigenes Zweirad und tritt in den Münchner „Radlerclub Isarau 1894" ein. Trotz der Bedenken seiner Eltern startet er von 1894 an bei Straßenrennen. „Bereits 1896 wurde er Berufsfahrer", weiß Scheungraber. Doch zunächst läuft es nicht rund. Er startet auf vielen Rennbahnen, gute Platzierungen aber bleiben aus. Er hat Pech und stürzt häufig. Aber ein Robl hat schon ganz andere Schwierigkeiten überwunden und lässt sich nicht entmutigen: „1898 startet er bei der Fernfahrt Bordeaux-Paris und wird auf Anhieb Dritter."

Der Durchbruch kommt zwei Jahre später. Allerdings stehen auch da die Vorzeichen zunächst schlecht: „Himmelherrgottsakrament, war das ein Pech", notiert Robl über die ersten Augusttage

1900. Am 15. des Monats will er bei einem 100-Meilen-Rennen in Berlin gegen Fahrer von Weltruhm antreten. „Monatelang hatte ich auf das neue Motortandem gewartet und als ich es bekam, waren Zündung und Unterbrecherscheibe zerbrochen." Mit Müh und Not gelingt es Robl und seinem Mechaniker, Ersatzteile zu finden und den Motor zum Laufen zu bringen – dennoch überlegt er, gar nicht erst anzutreten, weil er mehr Zeit bei der Reparatur der Ausrüstung als beim Training verbracht hat. Doch aufgeben ist Robls Art nicht: „(...) nach den ersten Tritten wusste ich, was ich wollte: Mit Ehren unterliegen", schreibt er später. „Damals fuhr ein Motorrad den Radfahrern voraus, die dann im Windschatten schnellere Fahrt erreichen konnten", erklärt Scheungraber den Ablauf der Radrennen um 1900. Diese sogenannten Schrittmacher verhelfen Robl zu einer guten Ausgangsposition. Sein größter Konkurrent stürzt und scheidet aus, an der Spitze kämpfen ein Engländer und ein Franzose um die Führung. Die beiden reiben sich aneinander auf und bei Kilometer 30 kann Robl vorbeiziehen. „Wie mir in diesem Augenblick zumute war, kann ich nicht sagen", ist seinen Aufzeichnungen zu entnehmen. Doch dann der Schock. Bei Kilometer 35 setzt der Motor aus. Robl muss warten, bis seine Ersatzmaschine kommt. Aber der Vorsprung reicht. Innerhalb von zwei Stunden schlägt er alle deutschen Bestzeiten und knackt sogar den Weltrekord. Mit Abstand als Erster erreicht er das Ziel. „Was sich nach dem Rennen abgespielt hat, empfinde ich auch heute noch wie einen Traum. Man hob mich vom Rade, hängte mir einen Kranz um und trug mich auf den Schultern um die Bahn. Statt zu lachen, habe ich geweint; die Tränen sind mir wie ein Sturzbach über die Backen gelaufen. Ich hatte ein seliges Gefühl."

Florian Scheungraber fährt zwar keine Rennen, nutzt aber selbst gerne das Fahrrad, um sich in München fortzubewegen.

Ein Gefühl, das für den Münchner bald selbstverständlich werden sollte: „Robl eilte von Triumph zu Triumph", berichtet Florian Scheungraber. Von 1896 bis 1909 fährt er Rennen, 137 Mal landet er auf dem ersten Platz, er wird Olympiasieger und mehrmals Welt- und Europameister. „Von allen deutschen Rennfahrern verdiente Robl 1906 auf inländischen Bahnen das meiste Geld." Unglaubliche 50.000 Mark soll er in diesem Jahr verdient haben! Zum Vergleich: Ein Lokomotivführer verdiente damals 2200 Mark in einem Jahr.

Dennoch war Robl hoch verschuldet, als er wenig später starb. „Wie viele Rennfahrer wendet er sich nach seiner Karriere dem Flugsport zu und wird Pilot", erzählt der Stadtkenner. Am 18. Juni 1910 startet Thaddäus Robl, trotz starkem Wind und einer Warnung der Veranstalter, im Flugzeug bei einer Vorführung in Stettin und stürzt ab. In der deutschen Luftfahrtchronik wird er als erstes Todesopfer des zivilen Motorflugs geführt. Auf dem Alten Südfriedhof in München wird er beigesetzt, eine Straße später nach ihm benannt.

Annina Baur

> **Ein Blick in die Welt...**
> **... vom 22. Oktober**
>
> Am 22. Oktober 1861 wird nach nur eineinhalb Jahren der Pony-Express eingestellt, ein als Reiterstafette organisierter Postbeförderungsdienst in den Vereinigten Staaten.

44. WOCHE

Die Säule hinter dem Rednerpult, hier eine Aufnahme der Kundgebung Adolf Hitlers im Bürgerbräukeller vom 8. November 1938, hat Georg Elser ausgehöhlt, um seine Bombe einzubauen.

OKT.			NOV.	
29	30	31	✗ 1	2
3	4	5	6	7

01. November 1939

Vorbereitung eines Attentats

Ende Oktober 1939. Draußen ist es kalt und grau, abends wird es früh dunkel. Doch es gibt einen, der diese langen Herbstnächte zum Tag macht. Jeden Abend gegen 22 Uhr, wenn der Bürgerbräukeller in Haidhausen schließt und alle den Heimweg antreten, beginnt für Georg Elser (1903-1945) die wichtigste Zeit des Tages: Er wartet in einem Abstellraum, bis das Licht gelöscht ist und die Tür ins Schloss fällt. Sobald er eingeschlossen ist, macht er sich an einer Säule hinter dem Rednerpult zu schaffen, die er in mehr als 30 Nächten sorgfältig aushöhlt. Der eher kleine Tischler aus Königsbonn bei Heidenheim hat ein unglaublich großes Ziel. Er will den Führer und Reichskanzler Adolf Hitler (1889-1945) töten. Am 1. November wird es ernst, Elser baut eine Bombe in die Säule ein: „Die Sprengladung brachte er am siebenten Tage vor der Kundgebung im Bürgerbräukeller an", ist den Münchner Neuesten Nachrichten vom 22. November zu entnehmen.

Elser plant dieses Attentat akribisch. Schon 1938, bei seiner ersten Reise nach München, entschließt er sich nach dem Besuch einer Gedenkveranstaltung zum Hitlerputsch von 1923, Widerstand in radikaler Form zu leisten. Während er in einer Armaturenfabrik arbeitet, entwendet er Pulver und Zünder, während einer Aushilfstätigkeit in einem Steinbruch Sprengpatronen und Sprengkapseln. Im Obstgarten seiner Eltern macht er Sprengversuche, er zeichnet und baut ein Modell seiner „Höllenmaschine". Am 5. August 1939 zieht Elser nach München, um seinen Plan umzusetzen. Zunächst mietet er ein Zimmer in der Blumenstraße 19, wenig später findet er eine preiswertere Bleibe in der Türkenstraße 94. Tagsüber arbeitet er an seiner Maschine, nachts lässt er sich im Bürgerbräukeller einschließen. „In einer in der Kriminalgeschichte einzig dastehenden Weise hatte er in wochenlanger Kleinarbeit in eine der Tragsäulen des Bürgerbräukellers eine Zeitzündeladung eingebaut", berichten die Münchner Neuesten Nachrichten nach dem Attentat. Am 7. November überprüft er ein letztes Mal den Zünder.

Am Abend des 8. November ist der Saal des Bürgerbräukellers überfüllt. Dicht an dicht sitzt dort die Führungsriege der NSDAP.

Klaus Huber an der Stelle, an der sich der Bürgerbräukeller befand. Eine Tafel im Boden erinnert dort an den Standort der Säule, in die Georg Elser die Bombe einbaute.

Rund 3000 Menschen jubeln Hitler zu, der Punkt 20 Uhr den Saal betritt. Um 21.07 Uhr beendet er seinen Vortrag und verlässt den Raum, um den Nachtzug nach Berlin zu erreichen. Um 21.20 Uhr knallt es ohrenbetäubend. Die Decke stürzt ein, Tische und Stühle sind mit Trümmern übersät. Acht Menschen sterben, mehr als 60 werden verletzt. Hat Hitler, der bei dieser traditionell jedes Jahr am 8. November abgehaltenen Kundgebung normalerweise von 20.30 bis 22 Uhr spricht, etwas geahnt? Auch Klaus Huber vom Historischen Arbeitskreis Sendling glaubt, was schon damals viele insgeheim denken: „Hitler muss gewarnt worden sein." Anders sei es kaum zu erklären, dass er an diesem 8. November 1939 so schnell nach seiner Rede den Saal verlassen habe. „Aber bewiesen ist das nicht", betont der Münchner.

Georg Elser ist bereits in Haft, als er erfährt, dass sein Anschlag missglückt ist. Eine gute halbe Stunde vor der Explosion, um 20.45 Uhr, greifen ihn Zollbeamte in Konstanz auf, wo er über die Grenze in die Schweiz fliehen will. Verdächtig gemacht hatte er sich, weil seine Grenzkarte abgelaufen war. Bei der Leibesvisitation finden die Beamten neben etwas Bargeld und einem Stück Hartwurst in seinen Taschen Aufzeichnungen über die Herstellung von Granaten, Einzelteile eines Zünders und eine Postkarte, die die Innenansicht des Münchner Bürgerbräukellers zeigt. Bis in die frühen Morgenstunden wird er in der Gestapo-Zentrale Konstanz verhört und einen Tag später in die Staatspolizeileitstelle nach München verlegt. In der Nacht zum 14. November legt er ein erstes Geständnis ab, am 15. November gesteht er auch schriftlich. Die Münchner Neuesten Nachrichten fassen das Geschehen am 22. November so zusammen: „Wir haben diesen Mann gesehen. Das ist der Mörder der Opfer jenes furchtbaren Planes, das ist der Mann, der den Führer und mit ihm die Führerschaft des Reiches treffen wollte. Man muss sich das alles immer wieder vor Augen halten, denn dieser Mann dort hat keine auffällige Verbrecherphysiognomie, sondern intelligente Augen,

> **Ein Blick in die Welt...**
> **... vom 1. November**
>
> Am 1. November 996 wird Österreich unter dem Namen Ostarrichi erstmals in einer Schenkungsurkunde erwähnt.

leise, vorsichtig abwägende Ausdrücke. Die Vernehmungen dehnten sich endlos aus, jedes Wort überlegte er lange und genau, und wenn man ihn dabei beobachtete, vergaß man im Augenblick, vor welchem satanischen Untier man stand, welche Schuld, welche grausige Last dieses Gewissen dort scheinbar so leicht zu tragen imstande ist."

Nach dem Anschlag hält Hitler vom nächsten Jahr an seine alljährliche Rede im Löwenbräukeller am Stiglmaierplatz. Der Bürgerbräukeller ist bis Kriegsende 1945 Lebensmittellager, danach Kantine für die US-Armee. Ab 1958 wird er wieder als Veranstaltungsort genutzt. 1979 wird der Komplex abgerissen, an der Stelle befinden sich heute das Hilton Munich City sowie die Hauptverwaltung der Gema.

Eine Gedenktafel erinnert an Georg Elser, der über sich selbst sagte: „Ich wollte ja auch durch meine Tat ein noch viel größeres Blutvergießen verhindern." Beinahe hätte es gelingen können. Doch 13 Minuten entschieden über die Zukunft. 13 Minuten besiegelten den Tod eines großen Widerstandskämpfers, der im Konzentrationslager Dachau am 9. April 1945 durch einen Genickschuss starb. 13 Minuten stellten die Weichen für das Schicksal einer Nation. Wäre Elsers Attentat geglückt, hätte die deutsche Geschichte wohl ganz anders verlaufen können.

....

Annina Baur

Das Salzprivileg vom 6. November 1332.

06. November 1332

Das weiße Gold von München

Dass München eine reiche Stadt ist, ist bekannt. Das sieht man an den schmucken Villen, an den elegant gekleideten Herrschaften und selbst Münchens Studenten sind irgendwie schicker als anderswo. Dieses Reichtums darf sich München auch im Mittelalter erfreuen – dank Kaiser Ludwig dem Bayern (1282-1347, siehe Kalenderblatt 47): Am 6. November

Dr. Michael Stephan weiß Salz nicht nur zu schätzen – er kennt auch die Geschichte des „weißen Goldes".

**Ein Blick in die Welt...
... vom 6. November**

Am 6. November 1860 wird Abraham Lincoln zum Präsidenten der Vereinigten Staaten gewählt.

1332 verleiht er der Stadt das „Salzprivileg". „Damit hatte München ein Monopol für Salzhandel, was den Reichtum der Stadt begründete", sagt der Leiter des Stadtarchivs, Dr. Michael Stephan. Die mittelalterliche Salzstraße führt von Reichenhall über München zum Bodensee und nur in München darf dieses Salz auf die andere Isarseite gebracht werden – was der Stadt hohe Zolleinnahmen beschert. Außerdem verfügt München über das „Stapelrecht", das die Salztransporteure verpflichtet, das Salz „niederzulegen" und den Bürgern günstig anzubieten. Viele Münchner Patrizierfamilien, die dem Salzhandel ihren wirtschaftlichen Aufstieg verdanken, werden dadurch sehr reich.

Und die Münchner sorgen schon dafür, dass ihre Regeln, die den auswärtigen Salzhändlern auferlegt sind, eingehalten werden: Wer sich dieser Verordnung widersetzt, geht seiner gesamten Salzladung verlustig. Die Ladung wird dann zu gleichen Teilen dem Amtmann Ludwigs und den Bürgern, die den illegalen Transport anzeigen, zugesprochen.

Hart ist der Schlag für die Wirtschaft der Stadt, als Herzog Wilhelm V. (1548-1626) den Handelsleuten das Privileg entzieht und es zum landesherrlichen Monopol macht. „München litt finanziell", sagt der Stadtarchivar. Der Staat profitiert, denn Wilhelm V. sichert sich nicht nur den Salzhandel, sondern auch die Salzproduktion als Monopol. Aus dem weißen Gold wird dadurch echtes und in den Staatskassen klingelt's.

....

Eva-Maria Bast

Thomas Manns Werk „Buddenbrooks" verhalf ihm 1929 zum Literatur-Nobelpreis.

12. November 1929

Buddenbrooks statt Zauberberg

Freut er sich? Sicher. Aber er hätte sich, glaubt Literaturwissenschaftlerin Claudia Raith, noch mehr gefreut, wenn ein anderes Werk ausgezeichnet worden wäre: Am 12. November 1929 erhält der Münchner Schriftsteller Thomas Mann (1875-1955) die Nachricht, dass er am 10. Dezember für seinen 1909 in München erschienenen Roman „Buddenbrooks. Verfall einer

Familie" mit dem Literatur-Nobelpreis ausgezeichnet werden soll. Claudia Raith hat ein Zitat herausgesucht, das Thomas Mann zwanzigjährig, also 1895 und lange vor Veröffentlichung der Buddenbrooks, in sein Notizbuch schrieb. Sie rezitiert: „Ein Traum von einer schmalen Lorbeerkrone scheucht oft den Schlaf mir unruhvoll zur Nacht, die meine Stirn einst zieren wird zum Lohne, für dies und jenes, was ich hübsch gemacht." Vielleicht, überlegt sie, sei er damals schon sicher gewesen, dass er einmal eine große Auszeichnung wie den Literatur-Nobelpreis bekommen wird. Bis dahin ist es von jenem Zeitpunkt an gesehen aber noch ein weiter Weg: Drei Mal wird er für den Literatur-Nobelpreis nominiert. 1924 schlägt ihn sein Schriftstellerkollege Gerhard Hauptmann vor. „Da hat man aber erst mal abwarten wollen, was denn Thomas Mann alles noch so schreibt. Man war noch nicht überzeugt. Das war ja auch noch sehr früh und er hatte gerade an einem neuen Roman geschrieben, dem Zauberberg, und da wollte man erst mal schauen, wie der so ankommt", erzählt Claudia Raith. „1928 wurde er dann zum zweiten Mal nominiert, da war Der Zauberberg fertig, aber dieser Roman hat die Jury nicht überzeugt. Man hielt ihn damals für zu weitschweifig und zu schwerfällig, um zu Manns besten Schöpfungen gerechnet zu werden, so der Wortlaut der Jury."

1929 soll Thomas Mann den Literatur-Nobelpreis dann aber doch endlich bekommen, „aber nicht – und das dürfte ihn geärgert haben – für seine neueren Werke, sondern tatsächlich für seinen Debüt-Roman: Buddenbrooks."

Claudia Raith liest Thomas Manns „Buddenbrooks" vor dessen einstigem Wohnhaus in der Feilitzschstraße, in dem sich heute ein Restaurant befindet.

Der Gesellschaftsroman sei von der Jury als „Höhepunkt der zeitgenössischen Romandichtung schlechthin" bezeichnet worden, sagt Claudia Raith. „Das Werk begründete den weltweiten Ruhm von Thomas Mann, das Werk hat ihm tatsächlich

ein Denkmal zu Lebzeiten gesetzt." Ein „wahrer Schinken", wie man heute sagen würde, und um den hat er auch sehr gekämpft, der Thomas Mann: Er schreibt von 1896 im Oktober bis zum 19. Juli 1900 daran, dann übergibt er ihn seinem Verleger Samuel Fischer, der wünscht, dass das Werk um die Hälfte gekürzt wird. „Das hat er abgelehnt. Da hat er sich nicht darauf eingelassen: entweder so oder gar nicht." 1901 erscheint der Roman in einer Auflage von 1000 Stück, „und er hat sich wahnsinnig schlecht verkauft", hat Claudia Raith recherchiert. „Er war zu teuer für die Leute. Dann hat der Verlag eine neue Auflage mit günstigerem Papier und im Taschenbuchformat herausgebracht, und erst dann kam ein Erfolg."
Der sich fortsetzt, weit über den Tod des Schriftstellers hinaus: Bis 2010 wird die deutsche Ausgabe der „Buddenbrooks" neun Millionen Mal verkauft und bis 2000 in 38 Sprachen übersetzt. Damals wie heute gilt: Das Lesen des Werks ist absolut empfehlenswert!

> Ein Blick in die Welt...
> ... vom 12. November
>
> Am 12. November 1918 wird in Wien die „Republik Deutschösterreich" ausgerufen.

Eva-Maria Bast

47. Woche

Die Radierung nach einem Glasfenster, das sich ehemals in der Frauenkirche befand, zeigt die Übergabe des Münchner Stadtrechtsbuchs durch Kaiser Ludwig den Bayern.

NOV.

| 19 | 20 | 21 | 22 | 23 |
| 24 | ~~25~~ | 26 | 27 | 28 |

12. Jh. 13. Jh. **14. Jh.** 15. Jh. 16. Jh. 17. Jh. 18. Jh. 19. Jh. 20. Jh. 21. Jh.

25. November 1314
Europäisches Zentrum der Macht

Fresko am Isartor, Reiterstandbild im Hofgraben, Grabmal in der Frauenkirche: Kaiser Ludwig IV. (1282-1347), bekannt als Ludwig der Bayer, ist in München präsent wie kaum ein anderer Herrscher. Kein Wunder: Unter ihm gelangt München zu zentraler politischer Bedeutung für die Geschichte des Heiligen Römischen Reichs. Sein Aufstieg beginnt 1314. Am 20. Oktober wird er in Frankfurt am Main zum deutschen König gewählt und am 25. November vom Mainzer Erzbischof Peter von Aspelt (um 1245-1320) in Aachen gekrönt. „Die Königskrönung war die wesentliche Stufe in der Karriere Ludwigs des Bayern vom zweitgeborenen oberbayerischen Herzogssohn zum Kaiser im Heiligen Römischen Reich", sagt Stadtführer und Historiker Georg Reichlmayr.

Diese Entwicklung war alles andere als absehbar: „Zunächst musste sich Ludwig gegen seinen älteren Bruder Rudolf in Oberbayern behaupten, dann die Ansprüche Oberbayerns gegen die Habsburger geltend machen", erklärt der Historiker. Ein erster Sieg des Wittelsbachers über seinen Habsburger Vetter Friedrich den Schönen gelingt ihm 1313 in der Schlacht von Gammelsdorf bei Moosburg, einer der letzten großen Ritterschlachten des Mittelalters. Damit positionierte sich Ludwig in der Reichspolitik. Nach dem Tod König Heinrichs VII. (1274/75-1313) aus dem Geschlecht der Luxemburger treten die beiden Gegner Ludwig der Bayer und Friedrich der Schöne als Nachfolgekandidaten an. „Ludwig fand die Unterstützung der Luxemburger für seine Kandidatur, ebenso diejenige von Mainz, Trier und Brandenburg. Ludwigs Bruder, der Pfalzgraf Rudolf I. bei Rhein, sowie Köln und Sachsen unterstützten dagegen den Habsburger Friedrich. Nicht einmal im eigenen Haus war eine Einigung zu erreichen", erzählt Reichlmayr. Bemerkenswert: „Schon Jahrzehnte vor der Goldenen Bulle Karls IV. hatte sich damit das Gremium der sieben Kurfürsten herausgebildet und damit eine Wahl- anstelle einer Erbmonarchie." Die Goldene Bulle regelte von

1356 an die Modalitäten der Wahl und Krönung der römisch-deutschen Könige durch die Kurfürsten. Verfassungsgeschichtlich interessant sei, so Reichlmayr, dass die Fürsten ihre Verantwortung für die Reichspolitik in ihren Wahlanzeigen an den Papst deutlich zum Ausdruck bringen. „Sie erachteten ihr Wahlrecht als unabhängig von päpstlicher Zustimmung."

Die Kurfürsten kommen aber zu keiner Entscheidung: Ludwig hat zwar die Mehrheit der Stimmen hinter sich, doch das Mehrheitsprinzip bei Königswahlen gibt es noch nicht. „So entstand ein Doppelkönigtum, als Friedrich der Schöne in Bonn vom Kölner Erzbischof mit den echten Reichsinsignien gekrönt wurde und Ludwig in Aachen vom Mainzer Erzbischof mit Kopien der Reichsinsignien gekrönt wurde." Jahrelange kriegerische Auseinandersetzungen sind die logische Folge, und erst die Schlacht bei Mühldorf, aus der Ludwig als Sieger hervorgeht, bringt 1322 die Entscheidung.

Für München ist der Aufstieg Ludwigs ein Glücksfall. „Es beginnt ein religiöser, kultureller und wirtschaftspolitischer Aufschwung", berichtet der Historiker. Der Alte Hof, in dem Ludwig geboren und aufgewachsen ist, wird Zentrum der Diplomatie und bleibt Heimat für Ludwig: „Hier lebte seine Frau, hier werden seine Kinder geboren." München wird alleiniges Zentrum Bayerns und bedeutender Ort des Heiligen Römischen Reichs: 1324 werden die Reichsinsignien, die wichtigsten Heiligtümer des Königs, nach München transportiert und in der nicht mehr erhaltenen Lorenzkirche des Alten Hofes verwahrt – Tag und Nacht bewacht von betenden Zisterziensermönchen. Der Ort wird zur Pilgerstätte.

Georg Reichlmayr vor dem Alten Hof, dem Geburtsort Ludwigs des Bayern.

Auch nach seiner Krönung zum Kaiser 1328 kommt Ludwig regelmäßig in seine Heimat München: Mehr als 2000 Tage lebt er während seiner knapp 33-jährigen Amtszeit in der Stadt, 138 Besuche Münchens gelten als gesichert: Der Stadtschreiber Rosenbusch notiert 1444, München sei „bey Kayser Ludwigen von Bayrn am maisten aufkömen und die außer stat bey im von neuen dingen gepaut worden, wann er hat große lieb zu der stat gehabt".

Zunächst als König und später als Kaiser verschönert und erweitert Ludwig IV. München. 1315 verfügt er, dass der Schrannenplatz (heute Marienplatz) nicht weiter bebaut werden darf und erlaubt die Verlegung von Brot- und Fleischbänken vom Schrannenplatz an andere Stellen. Er erweitert die Gerichtshoheit und gewährt den Münchner Bürgern Schutz und Geleit im Heiligen Römischen Reich und in den Herzogtümern Ober- und Niederbayern. 1323 verleiht er den Münchnern und Nürnbergern gegenseitige Zollfreiheit, ein Rechtsmittel, das den Handel der Städte fördert. Für die wirtschaftliche Entwicklung Münchens am entscheidendsten ist das Salzhandelsmonopol von 1332 (siehe Kalenderblatt 45).

> Ein Blick in die Welt...
> ... vom 25. November
>
> Am 25. November 1915 stellt Albert Einstein seine Allgemeine Relativitätstheorie bei der Preußischen Akademie der Wissenschaften vor.

Ludwig der Bayer steht auch für eine im Mittelalter ungewohnte Menschlichkeit. Drei Jahre nach der verlorenen Schlacht bei Mühldorf wird der besiegte Friedrich freigelassen. „Einzigartig in der deutschen Herrschaftsgeschichte waren anschließend Ludwigs Aussöhnungspolitik mit seinem Gegner, Friedrich dem Schönen, und dessen Beteiligung an der königlichen Herrschaft", erklärt Reichlmayr. Spuren hinterlässt der populäre Herrscher nicht nur in zahlreichen Denkmälern – auch die Stadtfarben Schwarz-Gelb gehen auf ihn zurück: Ludwig der Bayer führte das Reichswappen, schwarzer Adler auf goldenem Grund, im Schild.

Annina Baur

48. Woche

Christian Ude auf dem Dach des brennenden Paulanerkellers, sein Funkname bei der Feuerwehr lautete „Kater 1".

NOV.				
26	~~27~~	28	29	30
1	2	3	4	5
DEZ.				

12. Jh.   13. Jh.   14. Jh.   15. Jh.   16. Jh.   17. Jh.   18. Jh.   19. Jh.   **20. Jh.**   21. Jh.

27. November 1999

Als am Nockherberg ein Großbrand ausbrach

Der Paulanerkeller brennt! Als Oberbürgermeister Christian Ude davon erfährt – er ist gemeinsam mit seiner Frau Edith von Welser-Ude in unmittelbarer Nähe bei einer Veranstaltung – macht er sich sofort auf den Weg. Es ist irgendwann nach Mitternacht in der Nacht von Freitag, den 26., auf Samstag, den 27. November. Bis in den Sonntagmorgen hinein dauern die Löscharbeiten, mehr als 400 Feuerwehrmänner sind im Einsatz.

Zunächst sieht alles noch ganz harmlos aus: Ein Angestellter bemerkt ein Feuer zwischen der Küche und einem der Säle. Die Feuerwehr bekommt die Situation schnell unter Kontrolle. Doch dann entdeckt Pächter Peter Pongratz unter den Christbäumen, die zu Deko-Zwecken in einem Saal aufgebaut sind, mehrere verkohlte Papierservietten. „Mit den Servietten sollten die Bäume offenbar angezündet werden, aber das hat nicht geklappt", erklärt Ude. „Spätestens zu diesem Zeitpunkt war klar, dass es sich um Brandstiftung gehandelt hat." Und der Brandstifter ist auch an anderen Stellen aktiv: Kurz darauf steht der Dachstuhl in Flammen. „Der Einsatz, der nun folgte, war enorm", erzählt der heutige Alt-OB. Alle Mann der Münchner Berufsfeuerwehr eilen herbei, außerdem sämtliche Mitglieder von Münchens Freiwilligen Feuerwehren. „Wir mussten den Anwohnern sagen, dass sie unbedingt im Haus bleiben und die Fenster und Türen wegen der giftigen Dämpfe geschlossen halten müssen", sagt Christian Ude. „Zum Glück ist es den Feuerwehrmännern gelungen zu verhindern, dass auch die Paulaner-Brauerei in Mitleidenschaft gezogen wird. Das wäre schlimm gewesen, auch deshalb, weil sich dort ein Tank voller hochgiftigem Ammoniak befand." Ude erinnert sich genau an die Umstände: „Ich stand in meiner Einsatzkleidung als Oberbürgermeister mit der Feuerwehr auf dem Dach des Paulanerkellers. Es war eine unglaubliche Hitze."

Der Brand habe nicht nur die Münchner, nicht nur die Bayern, sondern die ganze Nation betroffen gemacht: „Der Paulanerkeller ist ja ein Kultort. Den kennt man dank der Nockherberg-Übertragung, der Starkbierprobe, in ganz Deutschland. Millionen von Menschen sehen die Live-Übertragung jedes Jahr."

Der entstandene Schaden liegt in zweistelliger Millionenhöhe. Die Löscharbeiten dauern zwei Tage, vier Jahre später gibt es neue Erkenntnisse, die besagen, dass der Brand aufgrund von Erbstreitigkeiten gelegt wurde. Der Tatverdächtige wird aber mangels Beweisen wieder aus der Untersuchungshaft entlassen. 2003 wird das Gebäude für 25 Millionen wiederaufgebaut. Die Nockherberg-Übertragung findet heute noch statt, immer noch verfolgen Unzählige das Spektakel im Fernsehen. Und auch der Paulanerkeller ist nach wie vor allerbestens besucht. Die Flammen haben der Beliebtheit des Veranstaltungsorts keinen Abbruch getan.

Eva-Maria Bast

> **Ein Blick in die Welt...**
> **... vom 27. November**
>
> Am 27. November 1308 wählen die Kurfürsten den Luxemburger Heinrich VII. zum römisch-deutschen König.

Henriette Adelheid von Savoyen wurde per procurationem mit ihrem Gatten verheiratet.

08. Dezember 1650

Eine Kurfürstin setzt sich durch

Rainer Blumer sagt's rund heraus: Ferdinand Maria von Bayern, genannt der Friedliebende (1636-1679) ist nicht mit besonders großer Intelligenz gesegnet. „Und durch die allzu strenge Erziehung am bayerischen Kurfürstenhof in der Residenz wurde er zusätzlich geschwächt." Diesen armen bayerischen Kurprinzen habe man im zarten Alter von 15 Jahren aus

Rainer Blumer zieht einen Handschuh über. Das musste Henriettes Ersatzbräutigam auch tun, als er ihr stellvertretend für ihren Bräutigam das Jawort gab.

politischen Gründen verheiratet. Die Auserwählte ist die gleichaltrige italienische Prinzessin Henriette Adelheid Maria von Savoyen (1636-1676). Kennenlernen werden sich die beiden allerdings erst einmal nicht, auch nicht bei der Hochzeit, die am 8. Dezember 1650 per procurationem, also „in Stellvertretung" im Turiner Dom stattfindet. „Man nannte das auch Handschuh-Ehe, weil der Ersatzbräutigam zum Zeichen seiner Stellvertreterschaft einen Handschuh tragen musste", erklärt der Münchner Beamte, der schon seit seiner Jugend Gäste durch die Stadt führt und nun nebenberuflich als Stadtführer tätig ist.

Als Ferdinand Marias Vater Maximilian I. (1573-1651) stirbt, kommt die junge italienische Prinzessin 1652 nach München in ein für sie völlig fremdes Land. Ihre Reise dauert lange: Am 16. Mai 1652 bricht sie in Turin auf – samt großem Gefolge, 336 Pferden und 350 Packwagen. Am 21. Mai erreicht sie die bayerische Residenzstadt, wo die Hochzeit am 25. Juni 1652 wiederholt wird. „Sie war nun die rechtmäßige Kurfürstin, ein 17-jähriges italienisch-französisches Mädchen, der Sprache nicht mächtig, romantisch veranlagt, wollte das Leben genießen", sagt Rainer Blumer. Doch damit soll es zunächst nichts werden, denn als die junge Frau nach München kommt, findet sie folgende Situation vor: eine düstere Münchner Residenz mit dem strengen katholischen Hofzeremoniell, eine missgünstige Schwiegermutter Maria Anna, „und zu allem Überfluss auch noch einen dusseligen Mann", wie Rainer Blumer sagt. Georg Friedrich Preuß beschreibt das in der Allgemeinen Deutschen Biographie von 1905 so: „Dazu kam, daß die beiden Gatten nach Erziehung, Temperament und Anlage sich völlig von einander unterschieden. Dem ungelenken, unselbstständigen und melancholischen jungen Fürsten, der so gar nichts besaß, was einen phantastischen weiblichen Sinn fesseln konnte, stand die früh entwickelte, durch alle Reize des Körpers und mancherlei Vorzüge des Geistes ausgezeichnete feinsinnige Tochter

Italiens mit ihrer reichen französischen Bildung anfangs ohne Verständniß und Neigung gegenüber." Doch auf einer Wallfahrt habe die Gläubige um „die besondere Gnade" gebeten, „den Gatten lieben zu können". Und das sei wohl auch gelungen, sagt Rainer Blumer, die beiden hätten dann doch eine harmonische Ehe geführt, in der sie die dominierende Kraft war. Bevor es so weit ist, muss sie allerdings noch heftige Kämpfe mit ihrer Schwiegermutter ausfechten.

„An der Spitze der höfischen Opposition gegen die Ausländerin stand die Kurfürstin-Mutter", schreibt Preuß. „Es war ein sehr erbitterter Kampf, den die beiden bedeutenden Frauen mit einander ausfochten und aus dem die jüngere, vielfach (...) nicht als Siegerin hervorging."

Und man erwartet von Henriette Adelheid natürlich auch, dass sie einen Thronfolger zur Welt bringt. Doch das will einfach nicht klappen. „Nach sechs Jahren des vergeblichen Bemühens hat sie ein Gelübde getan, dass sie die schönste Kirche für München bauen wird, wenn sie endlich einen Thronfolger auf die Welt bringt." Und dann, zwei Jahre später, als sie acht Jahre hier war, also 1660, wurde das erste Kind geboren und auf den Namen der Schwiegermutter getauft: Maria Anna. Und 1662 wird endlich der ersehnte Thronfolger Max II. Emanuel (siehe Kalenderblatt 28) geboren. „Nach seiner Geburt hat sie das Gelübde wahr gemacht und diese wunderschöne Theatinerkirche gebaut", sagt Blumer. „Und auch der Kurfürst ließ sich nicht lumpen und hat anlässlich der Geburt des Sohnes für seine Frau Schloss Nymphenburg in Auftrag geben."

Für die bayerische Geschichte spielt Henriette Adelheid eine große Rolle: „Sie war wohl die erste Frau, die aktiv in die bayerische Geschichte eingegriffen hat", betont Rainer Blumer ihre Bedeutung. Vor allem die Beziehungen zu Frankreich liegen ihr am Herzen. Seit ihre Kinder auf die Welt sind „war ihr Uebergewicht über Maria Anna entschieden, die bis zu ihrem drei Jahre später erfolgenden Tode nie mehr bestimmend in die Politik eingegriffen hat. Um so größer

> **Ein Blick in die Welt...**
> **... vom 8. Dezember**
>
> Am 8. Dezember 1941 erklären die USA Japan den Krieg. Einen Tag zuvor hatten die Japaner Pearl Harbor angegriffen.

wurde Adelheid's Einfluß auf ihren Gemahl, dessen Liebe zu der schönen, ihn auch geistig überragenden Frau seitdem kein Gegengewicht mehr hatte. Sie habe seit der Geburt ihres Sohnes einen „noch lebhaftere(n) Briefwechsel mit Lionne in Paris gehabt, vor allem auch mit Ludwig XIV. selbst, dem sie mit fast schwärmerischer Verehrung huldigte". Ihre Bemühungen münden im Bündnis mit Frankreich im Februar 1670. Aber der Autor schreibt auch: „Ihre Bedeutung für Baiern liegt vielmehr auf ganz anderem Gebiete. Mit ihr begann eine Aera der Kunst, zogen in die Bairische Hauptstadt künstlerischer Sinn und schöngeistige Bestrebungen ein." Sie gestaltet auch zahlreiche Feste, aber „die luxuriöse Hofhaltung kam dem Lande natürlich sehr theuer zu stehen, und es ist höchst bezeichnend für den Einfluß Adelheid's auf ihren mehr als sparsamen Gemahl, daß er mit vollen Händen Geld ausgab für Veranstaltungen, an denen er selbst gar keine Freude hatte".

Das Leben der schönen, klugen Frau nimmt ein tragisches Ende: Am 9. April 1674 bricht in der Residenz ein Feuer aus. Ihr Gatte ist abwesend, sie rettet barfuß ihre Kinder aus den Flammen und zieht sich dabei eine heftige Erkältung zu, von der sie sich nie wieder erholen wird. Zwei Jahre später verliert sie den Kampf gegen den Tod.

Eva-Maria Bast

50. Woche

Der vom bekannten Illustrator Richard Ernst Kepler gestaltete Adventskalender war ein Kunstwerk.

DEZ.
10   11   ~~12~~   13   14
15   16   17   18   19

12. Dezember 1908

Vom Sichtbarmachen der Zeit

Vorweihnachtszeit. Für die Erwachsenen vergeht sie viel zu schnell. Geschenke müssen gekauft, Feiern im Kreis der Familie und das Festessen geplant werden. Die Kinder dagegen können es kaum erwarten, bis endlich Heiligabend ist. Jeden Morgen fragen sie mit leuchtenden Augen, wie lange es noch dauert, bis das Christkind kommt. 1908 müssen einige nicht mehr fragen. Denn im Wohnzimmer steht eine Zählhilfe, an der sie am Morgen des 12. Dezember, wenn sie barfuß und im Schlafanzug angetapst kommen, selbst sehen können: Halbzeit! Nur noch 12 Tage bis zum Tag der Tage!

In einigen Münchner Häusern gibt es erstmals einen gedruckten Adventskalender. Er sieht ganz anders aus, als wir ihn heute kennen: Es ist ein Karton mit 24 Feldern, in jedem wird eine kleine weihnachtliche Geschichte in Versen erzählt. Täglich darf auf jedes dieser Felder ein zur jeweiligen Geschichte passendes Bild geklebt werden, das die Kinder zuvor aus einem mit 24 Einzelbildern bedruckten, dünneren Blatt ausgeschnitten haben. „In mehreren deutschen Städten sind Anfang des 20. Jahrhunderts erste Adventskalender gedruckt worden, nirgends jedoch in solcher Fülle wie in München", sagt Volkskundlerin Dr. Esther Gajek, die ein Buch über die Entwicklung dieses Brauchs geschrieben hat und mit rund 3000 Exemplaren über eine der größten Adventskalendersammlungen weltweit verfügt, die regelmäßig in Ausstellungen gezeigt wird. Sie weiß: „Die lithographische Kunstanstalt Reichhold & Lang in München gilt als erster Verlag, der sich auf Adventskalender spezialisiert hat."

Esther Gajek forscht über Adventskalender und hält regelmäßig Vorträge über das Thema.

Der Schwabe Gerhard Lang, der 1908 in die lithographische Anstalt von Friedrich Reichhold eingetreten ist, setzt eine Idee seiner Mutter um: Diese hatte ihm auf einem großen Karton 24 Felder aufgezeichnet und auf jedes Feld eine Süßigkeit genäht, die der Bub nach und nach abpflücken durfte. „Solche selbst gebastelten Adventskalender sind seit Mitte des 19. Jahrhunderts bekannt", erklärt Gajek. Auch Kreidestriche, die an Türrahmen, Schränke oder Betten gemalt wurden, seien zum Sichtbarmachen der Zeit schon früher verwendet worden.

Die ersten gedruckten Adventskalender jedoch sind eine Sensation, insbesondere diejenigen aus München, die durch viele unterschiedliche Motive, Formen und Herstellungstechniken beeindrucken: „Es gab Varianten mit Bildern zum Ausschneiden und Aufkleben, mit Figuren zum Aufstecken, Abreißkalender mit Albumblättern, Uhren zum Drehen und schließlich auch erste mit Schokolade gefüllte Kalender", nennt die Wissenschaftlerin nur einige Beispiele des vielfältigen Sortiments. Um 1930 entstand der erste Adventskalender für blinde Kinder, bei dem die Lang'schen Verse in Blindenschrift geschrieben waren.

Die faszinierenden Zeitmesser sind Luxusartikel: „Solch ein Adventskalender kostete drei Reichsmark, das war damals viel Geld", weiß Esther Gajek. Zum Vergleich: Ein Kilogramm Brot kostete in den 1930er-Jahren zwischen 30 und 40 Reichspfennige. Die Kalender sind deshalb zunächst das Privileg von Kindern aus wohlhabenden Elternhäusern. Und selbst dort werden die wertvollen Stücke mehrmals verwendet und Geschwister teilen sich einen Adventskalender. „Allgemein verbreitet haben sich Adventskalender erst in der 1950er- und 60er-Jahren", sagt die Volkskundlerin. Der Zauber der ersten Adventskalender aber bleibt. Eine 1932 geborene Münchnerin, Irmgard von Koskull, notiert Jahrzehnte später: „Seit ich mich erinnern kann, kam der Adventskalender zu jedem ersten Advent wieder. Er durfte ‚ganz vorsichtig' angestaunt werden, und vor dem Abendgebet wurde der Vers des jeweiligen Tages vorgelesen. (...) Wir hatten außerdem jeder einen Kalender mit Türchen zum Öffnen. Diese Türchenkalender waren schön, wichtig aber war der Münchner Adventskalender."

Annina Baur

> **Ein Blick in die Welt...**
> **... vom 12. Dezember**
>
> Am 12. Dezember 1985 übernimmt mit der Vereidigung von Joschka Fischer zum hessischen Staatsminister für Umwelt und Energie erstmals ein Grüner ein Ministeramt.

20. Dezember 1756

Casanova in München

Geliebt und gehasst: Giacomo Casanova polarisiert. Spielerisch gelingt es ihm, reiche Gönner für sich zu gewinnen. Sein Schlag bei Frauen ist legendär, seine Liebschaften ungezählt. Mehrmals ist Casanova auch in München. Das erste Mal nach seiner spektakulären Flucht aus den Bleikammern des Dogenpalasts. Sein Weg führt von Pergine über Trient nach Bozen und weiter nach Bayern: „Wir nahmen die Post und kamen am dritten Tag in München an, wo ich im Gasthof Zum Goldenen Hirsch abstieg", schreibt Casanova in seinen Memoiren. Einige Wochen verbringt er dort in der Theatinerstraße, am 20. Dezember 1756 reist er nach Augsburg. In dieser Zeit macht er der Gräfin Coronini seine Aufwartung, die ihre Kontakte spielen lässt, um Casanova Schutzrecht zu verschaffen. Außerdem kuriert er sich: „Infolge der Erschöpfung und der vielen Leiden, die ich durchgemacht hatte, litt ich an Nervenkrämpfen, die einen beunruhigenden Charakter anzunehmen drohten. Ich setzte mich auf strenge Diät, und in weniger als drei Wochen befand ich mich vollkommen wohl." Ob er trotz Krankheit der ein oder anderen Münchnerin den Kopf verdreht hat, ist nicht überliefert, scheint aber nicht ausgeschlossen.

> **Ein Blick in die Welt...**
> **... vom 20. Dezember**
>
> Am 20. Dezember 1812 veröffentlichen die Gebrüder Grimm die erste Ausgabe der „Kinder- und Hausmärchen".

Doch München ist für den Frauenheld kein gutes Pflaster. Beim zweiten Besuch 1761 trifft es ihn hart. Als Gesandter des portugiesischen Königs soll er nach Augsburg reisen und macht für vier Wochen Station in München. Es sind „verhängnisvolle Wochen" – Giacomo Casanova schreibt: „Während dieser Zeit verlor ich all mein Geld, versetzte für mehr als vierzigtausend Francs Juwelen, die ich niemals eingelöst habe und verlor endlich – das war das Schlimmste – meine Gesundheit." Es juckt ihn unangenehm. „Mein Aufenthalt in München war für mich eine Art Verdammnis. Ich sah während dieses verhängnisvollen Monats alle Schrecknisse der Hölle vereint, um mir einen Vorgeschmack von den Qualen zu geben, die die Seelen der Verdammten leiden." In Augsburg angekommen, begibt er sich erst einmal in Behandlung und hütet das Bett, um seinen Tripper auszukurieren, scheint jedoch schnell zu alter Form zurückzufinden: Mit seiner Köchin Annemirl und Gertrud, der Tochter seines Vermieters, vergnügt sich Casanova in denkwürdigen Liebesabenteuern.

Annina Baur

52. WOCHE

Sisi hoch zu Pferde. Das Reiten war ihre Leidenschaft.

DEZ.
~~24~~ 25 26 27 28
29 30 31

24. Dezember 1837

Sisi als hochadeliges Christkindl

„Wenn er die ernste, vernünftige und seelenvolle Helene geheiratet hätte, wäre die Monarchie besser bedient gewesen", glaubt Hubertus Graf von Kageneck. Und er muss es wissen: Er ist schließlich der Urgroßneffe der „Sanftmütigen". Und obendrein der Urgroßneffe von deren Schwester Elisabeth (1837-1898), besser bekannt als Sisi. Mit „er"

12. Jh.   13. Jh.   14. Jh.   15. Jh.   16. Jh.   17. Jh.   18. Jh.   19. Jh.   20. Jh.   21. Jh.

meint er übrigens Kaiser Franz Joseph (1830-1916). Statt Helene heiratet der aber Sisi. „Die Sisi war ein Vollblut, ungeeignet für einen pflichterfüllten, akribischen Aktenmenschen wie den Kaiser Franz Joseph", findet ihr Nachfahre.

Dieses Vollblut wird gemeinhin eher Österreich zugeordnet – oder eben Possenhofen, doch Sisi erblickt im Herzog-Max-Palais in der Münchner Ludwigstraße das Licht der Welt. Am 24. Dezember 1837. Ein hochadeliges Münchner Christkindl! Ihre Eltern sind Herzog Max Joseph in Bayern (1808-1888) und Prinzessin Ludovika Wilhelmine von Bayern (1808-1892). „Sisi wuchs in München auf und war mit dem Vater viel in der Reitmanege des Herzog-Max-Palais, im Sommer hielt sich die Familie meist auf Schloss Possenhofen am Starnberger See auf", erzählt Hubertus Graf Kageneck. Die Kindheit verläuft unbeschwert, Sisi, das Vollblut, kann ihrem Hang nach Bewegung frönen. Der Vater zeigt sich ihr gegenüber nachsichtig, erlaubt ihr immer wieder, vom Unterricht fernzubleiben, für den sie sich ohnehin nicht interessiert. Stattdessen malt Sisi, verfasst Verse, vor allem aber reitet sie.

Hubertus Graf von Kageneck vor Sisis Geburtshaus.

Mit ihren Schwestern hat sie ein gutes Verhältnis, zumindest in der Kindheit, später soll sich das teilweise ändern. Denn mit Marie überwirft sie sich später, als sie hört, diese habe ihr eine Beziehung zu Bay Middleton, dem schottischen „Pilot" ihrer englischen Reitjagden unterstellt. Mit der Jüngsten, Sophie, der Urgroßmutter Graf Kagenecks, entzweit sie sich, als Sophie sich scheiden lassen will. Zu ihrer Schwester Marie steht sie allerdings, als diese ein uneheliches Kind zur Welt bringt. Vier der fünf Schwestern sind unglücklich verheiratet und zwei von ihnen haben Affären. Sisi nicht. Dabei ist sie auch nicht glücklich mit ihrem steifen und überkorrekten „Aktenunterzeichner", sagt Graf Kageneck. Warum aber nimmt sich Sisi, ausgerechnet Sisi, dann keinen Geliebten? „Dazu war sie zu stolz", erklärt er, „das hätte sie nie getan. Sie hat ja ihr Leben ansonsten gelebt, wie sie es wollte, und Franzl hat sie gelassen."

Anfangs ist Sisi aber durchaus verliebt in ihren kaiserlichen Gemahl! Und der ist eigentlich, wie Graf Kageneck es schon erwähnt hat, Sisis älterer Schwester Helene, genannt Néné, zugedacht. Seine Mutter, Erzherzogin Sophie (1805-1872), hat das arrangiert. Im Sommer 1853 sollen sie in Bad Ischl aufeinandertreffen. Helene reist mit ihrer Mutter, Herzogin Ludovika in Bayern, und ihrer Schwester Elisabeth dort hin, Franz verliebt sich aber in Sisi und bittet sie (sie ist seine Cousine) um ihre Hand. Am 20. April 1854 ist Sisis Zeit in München zu Ende, sie reist nach Wien, wo sie vier Tage später im Beisein von 70 Bischöfen und Prälaten ihrem Franz Joseph das Jawort gibt. „Ein Unglücksrabe mit fast allem, was er angefasst hat", wie Graf Kageneck bedauernd sagt. „Und er hatte immer höchsten Respekt vor seiner Mutter. Dass er die Néné weggeschoben und gesagt hat, die Sisi will ich haben!, das ist wirklich ungewöhnlich für ihn. Da war man baff und deswegen fand das jeder auch irgendwie toll. Sonst waren das ja alles arrangierte Ehen, aber es war halt die falsche Frau."

Sisi, sagt ihr Urgroßneffe, habe zeitlebens Sehnsucht nach ihrer Heimat gehabt. „In Feldafing hat sie 22 Jahre lang ein ganzes Hotel, das Hotel Richter, gemietet, das deshalb heute Kaiserin Elisabeth heißt." Dort reist Sisi Sommer für Sommer mit einem kleinen aber immerhin notwendigen Hofstaat hin. „Und sie war – in Anführungszeichen – Privatperson. Wobei sich dadurch, dass sie eine Souveränin war, natürlich Einschränkungen ihrer Freiheit ergaben." All das hat Graf Kageneck von seiner Mutter erfahren. Sisis Großnichte. „Sie hat die Kaiserin zwar nicht mehr erlebt, jedoch deren Schwestern Königin Marie von Neapel und Mathilde von Trani, aber sie ist noch in der Monarchie geboren, hat noch auf dem Schoß von Ludwig III. gesessen, den sie nicht leiden konnte – wie sie oft erzählte." Von der Mutter

> **Ein Blick in die Welt...**
> **... vom 24. Dezember**
>
> Am 24. Dezember 1825 tritt Nikolaus I. die Regentschaft als Zar von Russland an.

weiß er, dass er und seine Frau Therese häufig gestritten haben. „Meine Mutter wollte immer runter vom Schoß von Ludwig III. und mein Großvater hat gesagt: Kind bleib sitzen! Das ist der König!" Graf Kageneck ist nicht nur Sisis Urgroßneffe, sondern auch von der königlichen Linie abstammend: „Der Großvater war der jüngste von sieben Prinzen derselben Generation, von denen drei Könige waren: Ludwig II., Otto I., der traurige geistesgestörte König, beide ohne Nachkommen. Dann kamen Ludwig III., der letzte König, Leopold und Arnulf, und schließlich Ludwig-Ferdinand und dessen jüngerer Bruder Alfons, mein Großvater", klärt Graf Kageneck über die Verwandtschaftsverhältnisse auf. „Als deren Vater Adalbert 1875 starb, übernahm König Ludwig II. die Vormundschaft für sie und lud sie und ihre Mutter Amalia ein, zu ihm in die Residenz zu ziehen. Und dadurch vor allem kam es zu der sehr engen Bindung vom Großvater Alfons und seinem Bruder Ludwig Ferdinand zu Ludwig II. Beide haben immer fest zu ihm gehalten und am Ende auch gegen die Unmündigkeitserklärung wegen dessen behaupteter Geisteserkrankung gestimmt", sagt der Graf. Doch das ist eine andere Geschichte, die wir bereits auf dem 24. Kalenderblatt erzählt haben.

Eva-Maria Bast

Quellen, Literatur, Bildnachweis

Abret, Helga; Keel, Aldo (Hrsg.): Das Kopierbuch Korfiz Holms (1899-1903). Ein Beitrag zur Geschichte des „Simplicissimus". Bern 1989, S. 11-34.

Albrecht, Dieter: „Ludwig II." In: Neue Deutsche Biographie (NDB), Band 15. Berlin 1987, S. 374–379 (Digitalisat). URL: https://www.deutsche-biographie.de/sfz57482.html Abgerufen am 16.07.2016.

Allgemeine Zeitung vom 17.10.1810. DFG-Viewer. URL: http://dfg-viewer.de. Abgerufen am 20.07.2016.

Angermaier, Elisabeth: „München als süddeutsche Metropole. Die Organisation des Großstadtausbaus 1870 bis 1914". In: Bauer, Richard: Geschichte der Stadt München. München 1992, S. 307-335.

Bast, Eva-Maria; Thissen, Heike: Münchner Geheimnisse. Überlingen 2015, S. 76 ff.

Bauer, Reinhard; Piper, Ernst: München. Die Geschichte einer Stadt. München 1993, S. 41-46, 92-95, 149-150, 172-177, 196-201, 229-231.

Bauer, Richard: „Stadt und Stadtverfassung im Umbruch". In: Bauer, Richard (Hrsg): Geschichte der Stadt München. München 1992, S. 244-273.

Bayern, Adalbert Prinz von: Die Wittelsbacher. Geschichte unserer Familie. München 1979, S. 166 f.

Bayern, Konstantin von: Des Königs schönste Damen. München1980.

Beiel, Jakob: „Denkmäler der Liebe und Ergebenheit von treuen Bürgern, Geweiht Ihren Königlichen Hoheiten von Baiern, Ludwig und Therese". In: Bayerische Staatsbibliothek. URL: https://opacplus.bsb-muenchen.de/metaopac/start.do. Suchbegriff: BV001403563. Abgerufen am 12.06.2016.

Bier-Lexikon: „Frühjahrskur mit Starkbier". URL: http://www.bier-lexikon.lauftext.de/starkbier.htm. Abgerufen am 03.07.2016.

Boarische Wikipedia: „Finessensepperl".

URL: https://bar.wikipedia.org/wiki/Finessensepperl. Abgerufen am 16.05.2016.

Brauns, Nick (Übersetzer): „Beer Riots in Bavaria". Aus: Northern Star vom 25.05.1844. URL: http://www.nikolaus-brauns.de/Bier-Revolte_in_Bayern_von_Friedrich_Engels. htm. Abgerufen am 03.07.2016.

Bundeszentrale für politische Bildung: „Sophie Scholl und die ‚Weiße Rose'. Flugblatt VI". URL: http://www.bpb.de/themen/JOELCK,0,0,Flugblatt_VI.html. Abgerufen am 15.07.2016.

Casanova, Giacomo G.: Geschichte meines Lebens. Casanovas Memoiren. Vollständige Übersetzung in 12 Bänden von Heinrich Conrad nach der Ausgabe München u.a. 1907/09. Hrsg. und kommentiert von Günter Albrecht. München 1986. Band 5, S. 18-23, Band 8, S. 26-35.

Cycling4fans: „Thaddäus Robl". URL: http://www.cycling4fans.de/index.php?id=2269. Abgerufen am 29.05.2016.

Deutschlandradio Kultur: „200 Jahre Viktualienmarkt". URL: http://www.deutschlandradiokultur.de/200-jahre-viktualienmarkt.1001.de.html?dram:article_id=156283. Abgerufen am 28.07.2016.

Dittmar, Heidi; Kirner, Gisela: „Vom Heiliggeistspital zum Viktualienmarkt". In: Zuber, Elfi: Das Angerviertel. München 2008, S. 63-91.

Döbereiner, Manfred: „Residenz- und Bürgerstadt – Münchens Weg zur relativen Selbständigkeit 1294 bis 1365". In: Bauer, Richard (Hrsg.): Geschichte der Stadt München. München 1992, S. 61-96.

Festring.de: „Einzug der Festwirte". URL: http://www.festring.de/einzug-der-festwirte-und-brauereien/geschichte/. Abgerufen am 01.07.2016.

Floßfahrt.de: „Geschichte". URL: http://www.flossfahrt.de/geschichte.htm. Abgerufen am 03.06.2016.

Focus: „Daheim bei Hitler". URL: http://

www.focus.de/panorama/reportage/reportage-daheim-bei-hitler_aid_224580.html. Abgerufen am 12.06.2016.

Gajek, Esther: Adventskalender: von den Anfängen bis zur Gegenwart. München 1988.

Georg-Elser-Arbeitskreis: „Verhörprotokolle". URL: http://www.georg-elser-arbeitskreis.de/. Abgerufen am 05.05.2016.

Haerendel, Ulrike: „Das Rathaus unterm Hakenkreuz". In: Bauer, Richard (Hrsg.): Geschichte der Stadt München. München 1992, S. 369-393.

Haus der Bayerischen Geschichte: „Ludwig II. und Richard Wagner". URL: https://www.hdbg.eu/koenigreich/web/index.php/themen/index/herrscher_id/7/id/42. Abgerufen am 21.07.2016.

Hessler, Ulrike; Schläder, Jürgen; Braunmüller, Robert; Hösl, Wilfried: Macht der Gefühle. 350 Jahre Oper in München. Berlin 2003, S. 200 ff.

Hilmes, Oliver: Ludwig II. Der unzeitgemäße König. München 2015.

Hirschbold, Benedikt: Aus der Heimat des Münchner Kindls. München 1939, S. 143 f.

Holland, Hyacinth: „Stieler, Joseph". In: Allgemeine Deutsche Biographie 36 (1893), S. 189-196 (Onlinefassung). URL: http://www.deutsche-biographie.de/pnd118755285.html?anchor=adb. Abgerufen am 29.05.2016.

Huber, Brigitte (Hrsg.): Tagebuch der Stadt München. Die offiziellen Aufzeichnungen der Stadtchronisten 1818-2000. München 2004, S. 57-60, 60 ff., 138 f.

Isargeschichten.de: „Mittenwald Flößerei". URL: http://www.isargeschichten.de/Buch/Buch.MittenwaldFloesserei.html. Abgerufen am 03.06.2016.

Käppner, Joachim: „Ein Elefant im Hofbräuhaus". In: Käppner, Joachim; Görl, Wolfgang; Mayer, Christian (Hrsg.): München – Die Geschichte der Stadt. München 2008, S. 247.

Karl-Valentin.de: „Karl Valentin" und „Liesl Karlstadt". URL: http://www.karl-valentin.de/leben/karlstadt.htm. Abgerufen am 19.07.2016.

Kluge, Volker: Olympische Sommerspiele. Die Chronik, Teil 3. Berlin 2000.

Kraus, Marita: „Der Hoflieferantentitel". URL: http://www.edmeier.de/hoflieferant/Krauss1.html. Abgerufen am 21.07.2016.

Kraus, Marita: Die königlich bayerischen Hoflieferanten. München 2009, S. 111 f., 278-325.

Kratzer, Hans: „Lichtgestalt und Hassfigur: Der Korse in München". In: Käppner, Joachim; Görl, Wolfgang; Mayer, Christian (Hrsg.): München – Die Geschichte der Stadt. München 2008, S. 165-166.

Krischer, Markus: Der Mann aus Babadag. Wie ein türkischer Janitschar 1683 nach München verschleppt und dort fürstlicher Sänftenträger wurde. Darmstadt 2014.

Laiblin, Martin: Theater. Bau. Effekte! Der Architekt Max Littman und München zur Prinzregentenzeit. Leipzig 2016, S. 112 ff.

Landeshauptstadt München: ThemenGeschichtsPfad. Die Geschichte der Frauenbewegung in München. Broschüre. München o.J.

Laturell, Volker: Die Geschichte der Moosacher Tafern. Unveröffentlichtes Manuskript.

Laturell, Volker: Trachten in und um München – Geschichte – Entwicklung – Erneuerung. München 1998, S. 16.

Lecke, Robert: „Die bayerische Ruhmeshalle und die Collossalstatue Bavaria errichtet von Ludwig dem Ersten, König von Bayern". München 1850. URL: http://daten.digitale-sammlungen.de/~db/0004/bsb00049112/images/index.html?id=00049112&groesser=&fip=193.174.98.30&no=&seite=22. Abgerufen am 17.04.2016.

Müller, Felix: „Hans Jochen Vogel – der Vater des modernen München wird 90". In: Münchner Merkur. URL: http://www.

183

merkur.de/lokales/muenchen/stadt-muenchen/hans-jochen-vogel-vater-modernen-muenchen-wird-90-6090408.html. Abgerufen am 18.07.2016.

Muenchen.de: „St. Paul". URL: http://www.muenchen.de/sehenswuerdigkeiten/orte/120355.html. Abgerufen am 08.05.2016.

Münchner Merkur: „Bombe". URL: http://www.merkur.de/lokales/muenchen/zentrum/bombe-schwabing-sprengung-aktuell-2478421.html. Abgerufen am 12.06.2016.

Münchner Merkur: „Der bayerische Herkules". URL: http://www.merkur.de/lokales/muenchen/stadt-muenchen/bayerische-herkules-1407407.html. Abgerufen am 10.06.2016.

Münchner Neueste Nachrichten vom 19. Mai 1908: „Münchner Künstlertheater".

Münchner Neueste Nachrichten vom 13.03.1925: „Erstes Skispringen in München".

Münchner Neueste Nachrichten vom 22.11.1939: „Der Bürgerbräu-Attentäter verhaftet". Münchener politische Zeitung vom 21. März 1848.

Munichkindl.net: „Steyrer Hans". URL: http://www.munichkindl.net/#!steyrer-hans/c1aqx. Abgerufen am 10.06.2016.

Nesselrode zu Hugenboett, F. G. von: Die Leiden der jungen Fanni, Eine Geschichte unserer Zeit in Briefen. Augsburg 1785. Bayerische Staatsbibliothek. (VD18 11698160). URL: http://daten.digitale-sammlungen.de/~db/0004/bsb00043537/images/. Abgerufen am 13.07.2016.

Nöhbauer, Hans F.: Die Chronik Bayerns. Dortmund 1987, S. 228-237, 475, 484, 504.

Oelwein, Cornelia: Weihnachten im alten München. Dachau 2006, S. 22-23.

Passauer Neue Presse: „Ehemaliges Hitler-Domizil in München ist heute Polizeistation". URL: http://www.pnp.de/nachrichten/bayern/698071_Ehemaliges-Hitler-Domizil-in-Muenchen-ist-heute-Polizeistation.html. Abgerufen am 19.07.2016.

Planet Wissen: „Geschichte des Fahrrads". URL: http://www.planet-wissen.de/technik/verkehr/geschichte_des_fahrrads. Abgerufen am 08.07.2016.

Propositionen des Münchner Rennvereins. München 1889.

Preuß, Georg Friedrich: „ADB: Adelheid (Kurfürstin von Bayern)". URL: https://de.wikisource.org/wiki/ADB:Adelheid_(Kurfürstin_von_Bayern). Abgerufen am 09.08.2016.

Reichlmayr, Georg: Geschichte der Stadt München. Erfurt 2013, S. 21-39, 77-94, 95-112. Residenztheater.de: „Cuvilliéstheater". URL: http://www.residenztheater.de/artikel/cuvilliéstheater. Abgerufen am 26.06.2016.

Ruhland, Michael: „Ach, Lolitta". In: Käppner, Joachim; Görl, Wolfgang; Mayer, Christian (Hrsg.): München – Die Geschichte der Stadt. München 2008, S. 187-190.

Schad, Martha: Elisabeth von Österreich. München 1998.

Schindler, Karl: „Ickstatt, Marie Franziska (Fanny) Freiin von". In: Neue Deutsche Biographie (NDB), Band 10. Berlin 1974, S. 115 (Digitalisat).

Schmitt, Peter-Philipp: Kobold-Style. Vor 50 Jahren wurde der Pumuckl erfunden. In: Z – Die schönen Seiten, Ausgabe 4/2012, S. 58.

Schweiggert, Alfons: Karl Valentin. Der Münchnerischste aller Münchner. München 2007.

Seibert, Hubertus (Hrsg.): Die Magna Charta Münchens. Das Salzprivileg Ludwig des Bayern. Schmuckblatt, Göppingen 2014.

Sesselträgerordnung von 1688: Instruction wie sich der Sesselmaister zuverhalten. München 1688. Bayerische Staatsbibliothek, Handschriftenabteilung: Cod.germ.2093.

Simplicissimus. URL: http://www.simplicissimus.info/index.php?id=9. Abgerufen am 25.06.2016.

Stadtarchiv München: Die Magna Charta Münchens. Das Salzprivileg Ludwig des Bayern. Broschüre. München 2014.

Stadtportal München: „Viktualienmarkt München". URL: http://www.muenchen.de/sehenswuerdigkeiten/orte/120340.html. Abgerufen am 18.06.2016.

Stahleder, Helmuth: Chronik der Stadt München. Belastungen und Bedrückungen. Die Jahre 1506-1705. Ebenhausen und Hamburg o.J., S. 601, 602, 699, 711-726.

Stahleder, Helmuth: Chronik der Stadt München. Erzwungener Glanz. Die Jahre 1706-1818. Ebenhausen und Hamburg o.J., S. 7 ff.

Stephan, Dr. Michael: Konfessionsverschiebung durch Zuwanderung I: München. Vortrag der Tagung: „Zwischen Verfolgung und Akzeptanz". München 2016.

Stocker, Robert: „Mit dem Floß nach Wien, mit der Kutsche nach Salzburg". In: Görl, Wolfgang; Käppner, Joachim; Mayer, Christian (Hrsg.): München – Die Geschichte der Stadt. München 2008, S. 157.

Stuttgarter Zeitung vom 29.08.2012: „Mit einem Schlag zerbricht der Alltag". URL: http://www.stuttgarter-zeitung.de/inhalt.bombenexplosion-in-muenchen-mit-einem-schlag-zerbricht-der-alltag.240ce623-48e2-43ee-954c-36ac154a7c86.html. Abgerufen am 12.06.2016.

Süddeutsche Zeitung vom 15.09.1965: „160 Polizisten und 80 Fans erwarten die Stones".

Süddeutsche Zeitung: „Bombe in Schwabing gesprengt. Der große Knall". URL: http://www.sueddeutsche.de/muenchen/bombenfund-in-schwabing-weltkriegs-blindgaenger-kontrolliert-gesprengt-1.1452853. Abgerufen am 12.06.2016.

Süddeutsche Zeitung: „Vom Viktualienmarkt zur Trüffelparade". URL: http://www.sueddeutsche.de/muenchen/jahre-viktualienmarkt-vom-buergerspital-zur-trueffelparade-1.752249. Abgerufen am 03.07.2016.

Süddeutsche Zeitung vom 19.12.2014: „Gedenkstätte für Väterchen Timofei bleibt".

Szczepanek, Gudrun; Ulrichs, Friederike: „In-und außwendig mit Gold vertrefflichst außgeziert. Tragsessel am Münchner Hof". In: Döberl, Mario – Álvarez, Alejandro López (Hrsg.): Tragsessel in europäischen Herrschaftszentren. Vom Spätmittelalter bis Anfang des 18. Jahrhunderts. Erscheint voraussichtlich 2017.

Vogel, Hans Jochen: richtig: Die Amtskette. Meine zwölf Münchner Jahre; ein Erlebnisbericht. München 1972.

Verein für Stadtteilkultur im Münchner Nordosten: „Die Schisprungschanzen in der Kiesgrube". URL: http://www.nordostkultur-muenchen.de/architektur/rothof_skischanzen_2.htm. Abgerufen am 18.06.2016.

Vögele, Dieter: Die wechselvolle Geschichte eines Hauses. Unveröffentlichtes Manuskript.

Wagnerportal.de: „Die Meistersinger von Nürnberg". URL: http://wagnerportal.de/wissen/opern/die-meistersinger-von-nuernberg/ Abgerufen am 21.07.2016.

WDR: „1. Mai 1844 – Unruhen in München nach Bierpreiserhöhung". URL: http://www1.wdr.de/stichtag/stichtag8298.html. Abgerufen am 03.07.2016.

Welt: „Super-Markt wird 200 Jahre alt". URL: http://www.welt.de/regionales/muenchen/article726356/Super-Markt-wird-200-Jahre-alt.html. Abgerufen am 04.07.2016.

Wetzel, Jakob: „Die Mär von den Münchner Trümmerfrauen". In: Süddeutsche Zeitung vom 19.12.2003.

Wikipedia: „Bavaria". URL: https://de.wikipedia.org/wiki/Bavaria. Abgerufen am 07.05.2016.

Wikipedia: „Biergartenrevolution". URL: https://de.wikipedia.org/wiki/Biergartenrevolution. Abgerufen am 29.06.2016.

Wikipedia: „Heilige Allianz". URL: https://de.wikipedia.org/wiki/Heilige_Allianz.

Abgerufen am 05.05.2016.

Wikipedia: „Schönheitengalerie". URL: http://wikipedia.ramselehof.de/quellen/ Schoenheitengalerie.pdf. Abgerufen am 29.05.2016.

Wikipedia: „Simplicissimus". URL: https:// de.wikipedia.org/wiki/Simplicissimus. Abgerufen am 28.05.2016.

Wikipedia: „Spanischer Erbfolgekrieg". URL: https://de.wikipedia.org/wiki/Spanischer_ Erbfolgekrieg. Abgerufen am 19.07.2016.

Wikipedia: „Timofei Wassiljewitsch Prochorow". URL: https://de.wikipedia.org/ wiki/Timofei_Wassiljewitsch_Prochorow. Abgerufen am 20.07.2016.

Wilhelm, Hermann: Haidhausen – Münchner Vorstadt im Lauf der Zeit. München 2009, S. 189-194.

Winkler, Nobert: Pferderennbahn München-Laim. Unveröffentlichtes Manuskript.

Wolf, Georg Jacob (Hrsg.): Ein Jahrhundert München. Zeitgenössische Bilder und Dokumente. München 1919, S. 134.

www.br.de/themen/sport//inhalt/olympia// zeitstrahl-olympia-1972-das-attentat-100. html.

....

Bildnachweise

01. Woche | Seite 10: Erlass Max I. Joseph von 1812. URL: https://commons.wikimedia.org/wiki/File:Rescript_Max_I._Joseph_1812-01-04.png. Abgerufen am 15.06.2016.

02. Woche | Seite 13: Stich zur Rekonstruktion des Sturzes von Fanny. URL: https://commons.wikimedia.org/wiki/File:SturzRekonstruktionFanny.jpg. Abgerufen am 12.06.2016.

03. Woche | Seite 18: Stadtarchiv München.

04. Woche | Seite 21: Väterchen Timofei. URL: https://upload.wikimedia.org/wikipedia/commons/7/73/Ost-West_Friedenskirche_Väterchen_Timotej.jpg.

Abgerufen am 20.07.2016. Seite 22: Christian Ude.

05. Woche | Seite 24: Stadtarchiv München.

06. Woche | Seite 26: Stadtarchiv München.

07. Woche | Seite 30: Stadtarchiv München.

08. Woche | Seite 33: Stadtarchiv München.

09. Woche | Seite 36: Stadtarchiv München.

11. Woche | Seite 42: Stadtarchiv München.

12. Woche | Seite 45: Stadtarchiv München.

13. Woche | Seite 49: Stadtarchiv München.

14. Woche | Seite 52: Private Sammlung Klaus Huber.

15. Woche | Seite 56: Stadtarchiv München.

16. Woche | Seite 59: Stadtarchiv München.

17. Woche | Seite 62: Valentin-Karlstadt-Musäum München.

18. Woche | Seite 65: Stadtarchiv München. Seite 66: privat.

19. Woche | Seite 68: Stadtarchiv München. Seite 69: Jürgen Schopper.

20. Woche | Seite 71: Deutsches Theatermuseum München.

21. Woche | Seite 74: Stadtarchiv München.

22. Woche | Seite 77: Stadtarchiv München: Zeichnung und Stahlstich von Johann Poppel.

23. Woche | Seite 82: Stadtarchiv München.

24. Woche | Seite 85: Ludwig auf dem Totenbett. URL: https://upload.wikimedia.org/wikipedia/commons/1/13/Ludwig_auf_dem_Totenbett_Koppay.jpg. Abgerufen am 01.09.2016. Seite 86: Jürgen Schopper.

25. Woche | Seite 90: Die Meistersinger. (Schlußscene des letzten Actes.) Zeichnung von Eduard von Grützner. Deutsche Fotothek. URL: http://www.

deutschefotothek.de/documents/obj/ 90040624. Abgerufen am 01.08.2016.

26. Woche | Seite 94: Stadtarchiv München.

27. Woche | Seite 97: Stadtarchiv München.

28. Woche | Seite 100: Max II. Emanuel, von Joseph Vivien. URL: https://upload.wikimedia.org/wikipedia/commons/3/3f/Max_II._Emanuel.png. Abgerufen am 15.06.2016.

29. Woche | Seite 103: Timeline Classics/Timeline Images.

30. Woche | Seite 106: Stadtarchiv München.

31. Woche | Seite 109: Stadtarchiv München.

32. Woche | Seite 112: Stadtarchiv München.

33. Woche | Seite 115: Wening Stich: Bayerische Vermessungsverwaltung.

34. Woche | Seite 118: Stadtarchiv München.

35. Woche | Seite 121: Aschenbrenner, Simon. URL: https://commons.wikimedia.org/wiki/File:Schwabinger7_Fliegerbombe.jpg?uselang=de. Abgerufen am 21.07.2016.

36. Woche | Seite 124: Einweihung des Denkmals, von Andreas Bohnenstengel. URL: https://upload.wikimedia.org/wikipedia/commons/b/ba/Denkmal_fuer_die_Opfer_des_Olympiaattentats_1972_Einweihung_1995-2.jpg. Abgerufen am 14.08.2016. Seite 127: FFB Denkmal Tafel. URL: https://commons.wikimedia.org/wiki/File:FFB_Denkmal_Tafel.jpg?uselang=de. Abgerufen am 15.06.2016.

37. Woche | Seite 128: Archiv Rockmuseum München.

38. Woche | Seite 131: Stadtarchiv München. Seite 132: Privat.

39. Seite 134: Barbara von Johnson.

40. Seite 137: Private Sammlung Dieter Vögele.

41. Woche | Seite 141: Deutsches Theatermuseum.

42. Woche | Seite 145: Münchner Stadtmuseum, Sammlung Graphik, Gemälde, Plakate.

43. Woche | Seite 149: Stadtarchiv München.

44. Woche | Seite 153: Stadtarchiv München.

45. Woche | Seite 157: Stadtarchiv München. Seite 158: Dr. Michael Stephan / Stadtarchiv München.

46. Woche | Seite 159: Stadtarchiv München.

47. Woche | Seite 162: Stadtarchiv München.

48. Woche | Seite 166: Christian Ude.

49. Woche | Seite 169: Zeichnung der Prinzessin Henriette Marie Adelheid von Savoyen. URL: https://commons.wikimedia.org/wiki/File:Drawing_of_Princess_Henriette_Marie_Adelaide_of_Savoy,_Electress_of_Bavaria.jpg?uselang=de. Abgerufen am 16.07.2016.

50. Woche | Seite 173: URL: https://commons.wikimedia.org/wiki/File:Richard_Ernst_Kepler_-_Im_Lande_des_Christkinds.jpg?uselang=de. Abgerufen am 08.07.2016. Seite 174: Peter Ferstl.

51. Woche | Seite 176: URL: https://commons.wikimedia.org/wiki/Category:Portraits_of_Giacomo_Casanova#/media/File:Giacomo_Casanova_by_Anton_Raphael_Mengs.jpg. Abgerufen am 08.07.2016.

52. Woche | Seite 178: Kaiserin Elisabeth Museum Possenhofen.

Vorwort | Seite 7: Andreas J. Focke

Covermotive Women's History | Seite 191: Rot: Helene von Thurn und Taxis, von Erich Correns [Public domain], via Wikimedia Commons. Lila: The Young Queen Victoria, von Franz Xaver Winterhalter [Public domain], via Wikimedia Commons.

SIE WOLLEN NOCH MEHR ÜBER

München

ERFAHREN?

Hier gibt es sachkundige Informationen:

Deutsches Theatermuseum
Galeriestraße 4a (Hofgartenarkaden)
80539 München
Das Theatermuseum zeigt wechselnde Sonderausstellungen.
Themen und Dauer der Sonderausstellungen + Info auf der Homepage.
Telefon: 089 / 2106910
E-Mail: info@deutschestheatermuseum.de
Homepage: www.deutschestheatermuseum.de
Öffnungszeiten:
Di. - So. 10 Uhr - 16 Uhr

Kerstin Dufner
Stadtführerin
Homepage: www.universum-oktoberfest.de
www.schmankerltour.com

Cornelia Engelhard
Offizielle Gästeführerin der Stadt München.
Abwechslungsreiche, unterhaltsame Rundgänge durch die Geschichte Münchens und zu den Hauptsehenswürdigkeiten im Herzen der Altstadt.
Themen: Jugendstil in Bogenhausen / Buntes Treiben in Schwabing um die Jahrhundertwende / 1000 Jahre Malerei.
Telefon: 08144 / 9978370
Mobil: 0172 / 8674310

GeschichtsWerkstatt Ludwigsvorstadt-Isarvorstadt
Die GeschichtsWerkstatt Ludwigsvorstadt-Isarvorstadt möchte alle im zweiten Münchner Stadtbezirk lebenden Menschen für die Geschichte ihres Viertels interessieren und beteiligen an deren Aufarbeitung und Dokumentation.
Kontakt: Beate Bidjanbeg, Adelheid Schmidt-Thomè, Franz Schiermeier, Heini Ortner, Walter Klupsch
E-Mail:
info@viertelgeschichte-isarvorstadt.de
info@viertelgeschichte-ludwigsvorstadt.de
Homepage:
www.viertelgeschichte-isarvorstadt.de
www.viertelgeschichte-ludwigsvorstadt.de

Geschichtswerkstatt Neuhausen e.V.
Nymphenburger Str. 171a | 80634 München
Telefon: 089 / 13999689
E-Mail:
geschichtswerkstatt-neuhausen@web.de

Herbert Hauke
Rockmuseum Munich
Homepage: www.rockmuseum.de

Rita Hegmann
Offizielle Gästeführerin der Stadt München; Stadtrundfahrten und Themenführungen;
Sprachen: Deutsch & Französisch
Telefon: 089 / 8116431
E-Mail: RitaHegmann@aol.com

Historisches Archiv Laim
Führungen, Vorträge, Rallye, Stadtteilforschung und Geschichtsarchiv des Stadtteils München-Laim
Byecherstraße 29a | 80689 München
Telefon: 089 / 565187
E-Mail: anno.winkler@t-online.de

NordOstKultur
Verein für Stadtteilkultur im Münchner Nordosten e.V.
Ausstellungen / Stadtteilspaziergänge / Besichtigungen / Publikationen / Ziegeleibesichtigungen
E-Mail: post@nordostkultur-muenchen.de
Homepage: www.nordostkultur-muenchen.de
NordOstKultur betreut auch die einzige „Ziegelei Münchens"
Alte Ziegelei Oberföhring
Homepage: www.alte-ziegelei-oberfoehring.de

Claudia Raith
Offizielle Gästeführerin der Stadt München
Stadtrundgänge und Themenführungen durchs mittelalterliche und königliche München, Führungen durch Schlösser und Parks oder mit Schwerpunkt, z.B. „Eigensinnige Münchnerinnen", Busrundfahrten
Ungererstr. 47 | 80805 München
Telefon: 0163 / 2577571
E-Mail: kontakt@claudiaraith.com
Homepage: www.claudiaraith.com

Grit Ranft
Offizielle Gästeführerin der Stadt München und der KZ-Gedenkstätte Dachau;
Stadtführungen und Stadtrundfahrten, Stadtteilspaziergänge sowie Epochen- und Themenrundgänge / spezielle Führungen für Gäste aus München.
Telefon: 0151 / 52541981
E-Mail: grit.ranft@web.de

Georg Reichlmayr
Kunst- und Kulturführungen München
Homepage: www.muenchen-stadtfuehrung.de

Florian Scheungraber
Führungen für Erwachsene, Jugendliche und Kinder über den Alten Südlichen Friedhof
Asamstraße 18 | 81541 München
Telefon: 089 / 24402066
Mobil: 0173 / 5305890
E-Mail: florian.scheungraber@mac.com
Homepage: www.florian-scheungraber.de

Die Stadtspürer - Unterwegs zu den Geheimnissen der Stadt.
Cathérine Fischer, Carola Kühberger, Rainer Blumer und Christopher Weidner entführen in ein völlig überraschendes München: geheimnisvoll, rätselhaft - und vergnüglich.
Experten für außergewöhnliche Stadtführungen mit dem gewissen mystischen Flair.
Telefon: 089 / 27375707
E-Mail: info@stadtspuerer.de
Homepage: www.mystisches-muenchen.de
Die Führungen finden ganzjährig statt.

....

Publikationen:

Deutsches Theatermuseum: Entdecken, was dahinter steckt. München 2010.
Zu den zwei bis drei Sonderausstellungen im Jahr über verschiedene Themen aus dem Bereich der Theatergeschichte erscheinen begleitende Publikationen, die auf www.deutschestheatermuseum.de aufgelistet sind.

Landensperger, Cornelia: Schnitzeljagd durch München. München 2008.

Landesperger, Cornelia: Das Münchner Radlbuch. München 2006.

Grolik, M.: Katzen! Cartoons von M. Grolik. Hamburg 2015.

Grolik, M.: Trödel Dich glücklich! Hamburg 2016.

Huber, Dr. Brigitte, München Stadtarchiv: Kunsthistorikerin und Chronistin. Zuständig für die Grafischen Sammlungen: www.muenchen.de/rathaus/Stadtverwaltung/Direktorium/Stadtarchiv/Chronik.html.

Huber, Dr. Brigitte: Der Altbayer Johann Georg Scharf (1788-1860) als Bildchronist der englischen Hauptstadt. Mainburg-London 2012.

Huber Dr. Brigitte: Mauern, Tore, Bastionen. München und seine Befestigungen. München 2015.

Stephan, Dr. Michael: Georg Queri und der Erste Weltkrieg. [Nachwort zu:] Georg Queri, Kriegsbüchl aus dem Westen. Text der Erstausgabe von 1915, München 2014, S. 177-203.

Stephan, Dr. Michael: „Josef Ruederer (1861-1915). Eine biographische Skizze". In: Denk, Claudia; Stephan, Michael (Hrsg): Josef Ruederer. Das Grab des Herrn Schefbeck. Eine Münchner Geschichte. München 2015, S. 91-124.

Stephan, Dr. Michael; Karl, Willibald: Schwabing (Zeitreise ins alte München, hrsg. vom Stadtarchiv München). München 2015.

Besuchen Sie uns im Internet: **www.bast-medien.de**

Danksagung

Bast Medien dankt allen Mitarbeitern des Stadtarchivs München, die die Autorinnen bei der Recherche historischer Quellen und Bilder unterstützt haben.

Haftungsausschluss

Trotz intensiven Austauschs mit unseren Gesprächspartnern, gewissenhafter Literaturrecherche und aufmerksamem Korrekturlesen erheben wir weder einen Anspruch auf Vollständigkeit noch auf Fehlerlosigkeit. Wir haben streng darauf geachtet, keine Urheberrechte zu verletzen, unsere Recherchen sind nach bestem Wissen und Gewissen erfolgt. Dennoch übernehmen wir keinerlei Gewähr für die Aktualität, Korrektheit oder Vollständigkeit der bereitgestellten Informationen. Haftungsansprüche gegen uns schließen wir grundsätzlich aus.

NEU IM HANDEL **AB DEZEMBER 2016:**

Women's History
Das Geschichtsmagazin für Frauen

Themen, die Frauen seit Jahrhunderten bewegen
und die Männer seit Jahrhunderten an Frauen faszinieren

IN DER 1. AUSGABE:
Im Schatten der Kaiserin: Sisis Schwestern
Jeanne d'Arc – die Lady Gaga ihrer Zeit
Exklusive Interviews mit spannenden Frauen
Giftmord und Verrat – historische Verbrecherinnen

JETZT ABONNIEREN UNTER: WWW.WOMENS-HISTORY.DE

DIE *Kalenderblätter* GIBT ES IN ...

- Konstanz
- München

52 faszinierende Geschichten aus den Kalenderwochen quer durch die Jahrhunderte

IM BUCHHANDEL ODER UNTER: WWW.BAST-MEDIEN.DE

UND DIE *Geheimnisse der Heimat* GIBT ES IN ...

Aalen	Esslingen	Schwäbisch Gmünd
Bad Cannstatt	Flensburg	Schwarzwald (für Kinder)
Bamberg	Friedrichshafen	Stuttgart
Bayreuth	Hamburg 1 & 2	Sylt
Berlin	Hannover 1 & 2	Tübingen
Bodensee (für Kinder)	Jena	Überlingen 1 & 2
Bremen	Konstanz 1 & 2	Villingen-Schwenningen
Bremerhaven	München	Würzburg
Donaueschingen	Regensburg	

WEITERE GEHEIMNISSE UND KALENDERBLÄTTER SIND IN ARBEIT

NEU: *Geheimnisse* GIBT ES AUCH ÜBER ...

- Redewendungen

50 spannende Geschichten zu überregionalen Themen